EL
HOMBRE CRISTIANO

Libros de Patrick Morley publicados por Portavoz

Así prepara Dios a los hombres

El hombre cristiano

Fortalece tu caminar con Cristo

ELOGIOS PARA
EL HOMBRE CRISTIANO

Muchas personas hablan de lo difícil que es ser hombre hoy día. Pero Patrick Morley dio realmente un paso más allá y preguntó a un grupo de varones cuáles son los puntos débiles en sus vidas. El resultado constituye una poderosa guía para los hombres que quieren llegar a ser piadosos, pero que no están muy seguros de por dónde empezar.

Dave Ramsey, exitoso escritor y presentador
de programas radiales a nivel nacional

Nadie sabe más de la masculinidad que Pat Morley. En este libro único, transmite lo mejor de lo que ha descubierto en sus varias décadas de trabajar con hombres. Lee este libro clave y tendrás todo lo que necesitas para amar apasionadamente a Dios, proteger y proveer para tu familia, y mantener el rumbo con valentía mientras experimentas satisfacción, paz y gozo.

Dr. Tony Evans, presidente de The Urban Alternative
y autor de *Héroes del reino*

Muy pocas personas hablan al alma de los hombres como Patrick Morley. Sus palabras son reales, francas y redentoras. Te desafiarán y alentarán a medida que leas.

Mark Batterson, autor de *Dibuja el círculo*, éxito de
ventas según el *New York Times*, y pastor principal
de National Community Church

Echa una mirada a los temas del índice; con su muy conocido estilo franco, sincero y bíblico, en esta obra Patrick habla directamente al corazón sobre los problemas básicos con que luchan los hombres. Creo que encontrarás muy alentador este libro.

John Eldredge, autor de *Salvaje de corazón*

EL HOMBRE CRISTIANO

PODEROSAS RESPUESTAS
PARA LOS TEMAS QUE MÁS TE IMPORTAN

PATRICK MORLEY

EDITORIAL PORTAVOZ

La misión de *Editorial Portavoz* consiste en desarrollar y distribuir productos de calidad —con integridad y excelencia—, desde una perspectiva bíblica y confiable, que animen a las personas a conocer y servir a Jesucristo.

Título del original: *The Christian Man*, © 2019 por Patrick Morley, y publicado por Zondervan, Grand Rapids, Michigan, 49546.

Traducción: Ricardo Acosta

Las cursivas y las negritas añadidas en los versículos bíblicos son énfasis del autor.

EDITORIAL PORTAVOZ
2450 Oak Industrial Drive NE
Grand Rapids, MI 49505 USA
Visítenos en: www.portavoz.com

ISBN 978-0-8254-5167-6 (rústica)
ISBN 978-0-8254-5168-3 (Kindle)
ISBN 978-0-8254-5169-0 (epub)

1 2 3 4 5 edición / año 34 33 32 31 30 29 28 27 26 25

Impreso en los Estados Unidos de América
Printed in the United States of America

A Robert Wolgemuth:
agente literario, escritor de éxitos de ventas,
esposo, padre y amigo mío.

*Robert lanzó mi carrera de escritor y ha seguido guiándome
y supervisándome desde el primer día.*

Y

a Chuck Mitchell:
empresario, profesional inmobiliario,
esposo, padre y amigo mío.

*Chuck ha manejado mis intereses comerciales
con tanta habilidad que he podido dedicarme
a tiempo completo al ministerio con hombres.*

* * *

Trabajar con un colega cuya competencia,
integridad, humildad, perseverancia y sabiduría
son las primeras cualidades que vienen a la mente
es muy valioso. Trabajar con un hombre así durante
toda mi carrera es fantástico. Pero poder trabajar con
dos de tales hombres y también llamarlos amigos…
es lo máximo. He tenido ese privilegio.
Ambos son ejemplos fenomenales
de lo que significa ser un *hombre cristiano*.

¡Gracias!

RECONOCIMIENTO ESPECIAL

Quiero agradecer y honrar especialmente a los veinticuatro hombres que se reunieron conmigo como grupo para decidir qué temas consideraban los más importantes como para figurar en este libro.

Danny Alvarez
Nicholas Angelakos
Nick Augello
Joshua Brockman
Nathan Burns
Fred Burt
Lonzo Caves
Andy Corley
Brendon Dedekind
Kevan Enger
Ron Gruninger
Steve Hall
Steve Jones
Daniel Kinney
Jesse Lugo
Marcos Peres
Matt Rearden
Steve Rice
Bryan Richardson
Brian Russell
Chris Thurman
Nick Turco
Reggie White
Cedrick Williams

CONTENIDO

PRÓLOGO

PARÁBOLA SOBRE DOS LEONES

Érase una vez un león que vivía feliz en un zoológico. Nació allí y no había conocido otra forma de vivir. Y era una buena vida: toda la carne roja que podía comer, exámenes físicos regulares y paja fresca todo el tiempo.

Un día llevaron al zoológico a otro león, uno capturado en estado salvaje. Todos los días el león de la selva andaba de un lado al otro buscando una manera de escapar, cada vez más inquieto.

El león del zoológico, incapaz de entender por qué el león salvaje estaba tan molesto, preguntó: «¿Por qué estás tan triste? Aquí disponemos de todo lo necesario para tener una vida feliz. ¿Qué más podrías desear? ¿Por qué quieres escapar del paraíso?».

El león salvaje no daba crédito a lo que oía. ¿Cómo podía explicar qué es la libertad a un león de zoológico que nunca había visto una selva, a un león que vivía en el exilio y que creía que ya tenía todo lo que podía desear? ¿Cómo podía transmitirle que la vida era más que vivir como un animal enjaulado?

En los meses siguientes, el león de la selva abrió los ojos del león del zoológico con historias sobre la vida silvestre. Cuanto más oía el león del zoológico sobre la selva, más deseaba saber. Acribilló al león de la selva con preguntas como: «¿Qué tan grande es la selva? ¿A qué se parece? ¿Cómo podríamos llegar desde aquí?», y cientos de preguntas más como estas.

El león salvaje a veces se mostraba ansioso y siempre paciente por explicar las glorias de la selva al león del zoológico, que solo había conocido el cautiverio. Bajo tan intencional asesoría, el león del zoológico pronto vio que algo en su mundo no estaba bien. También se sintió inquieto y anheló ser libre.

INFORMACIÓN ÚTIL ANTES DE LEER ESTE LIBRO

No dejen que nadie los engañe con filosofías
erradas y huecas, basadas en tradiciones humanas
y en los poderes que dominan este mundo,
y no en la enseñanza de Cristo.

COLOSENSES 2:8 (NBV)

Ningún hombre fracasa a propósito. Todo lo contrario. Cuando ponemos los pies en el suelo cada mañana, buscamos una victoria.

Pero estos son tiempos turbulentos para ser un hombre. A la mayoría de los varones cristianos con los que hablo, les resulta cada vez más difícil hacer malabares con todas sus responsabilidades de hombres, esposos, padres, amigos, trabajadores, clérigos y ciudadanos. Mi amigo Nick lo declaró así: «Parece casi imposible vivir un modelo bíblico de masculinidad».

Todos sentimos esto, ¿verdad? Al igual que el león del zoológico, sabemos que algo en este mundo no está bien. Hay muchas voces «erradas y huecas» que intentan entrar en nuestras mentes. Parece como si nos «hackearan»... espiritualmente.

¿Te impedirán esas voces obtener la victoria que todos ansiamos? ¿Se han fortalecido tanto «los poderes que dominan este mundo» que ni siquiera estás seguro de que sea posible la masculinidad bíblica?

¿O todavía es posible que ames apasionadamente a Dios, que proveas para tu familia y la protejas, que encuentres un trabajo satisfactorio y que lleves valientemente una vida equilibrada con la ayuda de unos pocos hermanos, mientras experimentas significado, satisfacción, paz y gozo?

La respuesta es un sí rotundo. Quiero darte una visión esperanzadora de que puedes lograr esa victoria que todos buscamos. Dios tiene un plan de juego para que obtengas la masculinidad bíblica. Se trata del proceso demostrado y comprobado que la Biblia llama simplemente «hacer discípulos».

Sin embargo, así como ningún hombre fracasa a propósito, según afirma mi colega Jamie, «ningún hombre tampoco triunfa por accidente». Así que, además de una visión esperanzadora, también vas a necesitar los recursos para hacerla realidad. Por eso escribí este libro. Mi objetivo es transmitirte lo mejor de lo que he descubierto sobre la masculinidad bíblica durante varias décadas de trabajar con hombres como mi vocación.

Todos necesitamos, e incluso anhelamos, urgentemente ver el impacto radical que un auténtico varón cristiano puede tener en todos y en todo lo que lo rodea. El deseo de Dios es que te conviertas en ese individuo.

Si estás creciendo, quieres crecer, o *anhelas* querer crecer, mi oración es que *El hombre cristiano* resulte ser exactamente lo que has estado buscando.

ALGO SINGULAR ACERCA DE ESTE LIBRO

A fin de asegurar que este libro te inspire a actuar, reuní un sábado por la mañana a veinticuatro hombres cristianos entre veinticuatro y cuarenta y siete años de edad (la mayoría entre treinta y cuarenta) para hacer una secuencia gráfica de la pregunta: «¿Cuáles son los problemas y las temáticas que te harían sentir *obligado* a agarrar y leer un libro para hombres?». Estos varones proceden de todas las clases sociales y representan la diversidad racial y étnica de los Estados Unidos.

En la conclusión obtuvimos una lista de los diez temas más importantes, lista que formó el contenido de esta obra. Luego les pregunté: «¿Cuáles son las preguntas que más les gustaría que se respondieran o abordaran respecto a cada uno de estos temas?».

Hacer una secuencia gráfica es un proceso democrático de aportación de ideas que garantiza que cada participante tenga el mismo derecho de opinar que los demás. El libro que sostienes en las manos es lo que emergió de este proceso.

LO QUE NO HAREMOS

Si este mundo es lo único que has conocido, podrías creer que es bueno, pero solo debido a que, al igual que el león del zoológico, no sabes lo que te falta.

Pero entonces, como me ocurrió a mí, un día descubres que hay un mundo más amplio que el que conoces. Y te das cuenta de que no volverás a ser feliz hasta que no llenes el anhelo espiritual que tu alma tiene por Dios.

Como cualquier otro ser humano, comencé mi viaje espiritual sin estar seguro de mí mismo. Estaba inseguro de mi identidad en Cristo. No entendía la jerga religiosa. No tenía suficiente experiencia para saber qué enseñanzas eran bíblicas o cuáles solo eran «los mejores pensamientos humanos» o «tradiciones de hombres» sobre el tema. Me faltaba confianza.

A menudo sentí miedo de no creer lo que me parecían locuras. Por ejemplo, un predicador en la televisión declaró que, si me comprometía a darle a Dios el 10% de diez mil dólares el año siguiente, entonces podía «esperar» que Dios me diera un ingreso de cien mil dólares. Esa idea me parece descabellada ahora que la escribo, pero en ese momento realmente me confundió.

Por consiguiente, quedé vulnerable y cautivo de un montón de ideas poco ortodoxas, engañosas y destructivas, de las que espero librarte. Por eso *El hombre cristiano*

- no te indicará todas las formas en que estás fracasando como hombre;

- no te entusiasmará, animará ni te motivará a vivir para Jesús en tus propias fuerzas;
- no te presentará el cristianismo como un «conjunto de comportamientos» a los que debes adherirte;
- no te presentará una lista de reglas que, si las cumples, te prometen el cielo en la tierra;
- no te ofrecerá un enfoque del cristianismo basado en rendimiento;
- no te proporcionará sistemas de «manejo del pecado» para evitar que tropieces;
- no te instará a ser el cristiano perfecto;
- no te hará regodear en autocompasión (a veces necesitas un abrazo, otras veces un empujón);
- no te retará a «ser fuerte» para cumplir con una norma que no se puede sostener.

Esta es mi promesa. Puedes tener una vida heroica ahora mismo para la gloria de Cristo. En cada capítulo te proporcionaré un «llamado a la acción» para ayudarte a analizar detenidamente cómo deseas responder. Al final del libro sabrás cómo liberar el poder de Dios en los asuntos que más te importan. Podrás andar con confianza en la única identidad que más importa: *el hombre cristiano*.

UNO

IDENTIDAD

Decidir quién soy y cuál es el propósito de mi vida

De modo que si alguno está en Cristo, nueva criatura es; las cosas viejas pasaron; he aquí todas son hechas nuevas.

2 CORINTIOS 5:17

Cuando buscas tu identidad en Jesucristo y su evangelio, encuentras una satisfacción profunda y duradera, tan contagiosa que otros también la querrán.

EL HOMBRE EN LA HABITACIÓN 3330

Por todo el hospital se había corrido la voz acerca de Ken, el optimista anciano de ochenta años de edad en la habitación 3330. Su actitud animada y alegre era contagiosa entre el personal del hospital.

Una mañana, un médico apareció en la puerta de su habitación y leyó el historial.

—Me pregunto si puedo hablar con usted un minuto —le señaló a Ken después de mirarlo por un instante.

Este no era uno de los médicos que trataban a Ken.

—Por supuesto —respondió Ken—. ¿Qué te preocupa?

—Bueno, me han hablado mucho de usted en el hospital, y me gustaría saber cómo es que a su edad, y con las dificultades que está teniendo, usted puede mantenerse tan optimista y alegre —comentó el médico.

—Me encantaría decírtelo —respondió Ken—, pero contéstame primero de dónde sacas tu alegría de vivir.

—Para ser sincero —reconoció el doctor—, en realidad, no es que viva muy alegre. Tuve un avión, y creí que lo disfrutaría. Pero eso no funcionó. Ahora tenemos un barco, pero eso tampoco parece funcionar. Tengo grandes ingresos. Eso realmente no me ha traído una satisfacción duradera. Para serle totalmente franco, nada de lo que he hecho me ha producido mucha satisfacción.

—Sé dónde está el problema —señaló Ken—. Lo único en mi vida que me ha producido paz y satisfacción perdurables es una relación con Jesucristo.

En ese momento María, una mucama hispana como de cincuenta años de edad, entró a la habitación. Ken había hablado con ella en varias ocasiones anteriores. María escurrió el trapeador y comenzó a trapear al otro lado de la cama desde donde se hallaba el doctor.

La mujer era la persona con el salario más bajo en el hospital. Tendría que trabajar durante los próximos veinte años para ganar tanto como este médico ganaba ese año.

—María, ¿podrías acercarte, por favor? —pidió Ken.

Ella levantó la mirada, y su semblante apacible irradió alegría por toda la habitación.

—Quiero que mires el rostro de María —pidió entonces Ken mirando al médico—. Ella tiene aquello de lo que estoy hablando. ¿Lo ves?

Los tres se quedaron en silencio. El médico miró el rostro de María. Ken y la mujer alternaron miradas entre ellos y el médico. Ken podía ver dentro del corazón del médico. Sí, este médico vio lo que ella tenía. Era evidente que la mujer tenía lo que a él le faltaba y que había estado buscando. Era claro que él ansiaba lo que María y Ken habían encontrado. Este fue un momento espiritual muy conmovedor.

—María —preguntó finalmente Ken—, ¿eres seguidora de Cristo?

Aunque parecía imposible, María se iluminó aún más.

—Oh, sí —respondió—, amo a mi Señor Jesucristo.

Ken le agradeció, y ella siguió con sus labores.

El día que cambió la vida de Ken

En los quince minutos siguientes, Ken le contó a este médico inquieto cómo muchos años antes se había sentido exactamente igual: sin paz duradera, solo breves estallidos de gozo y ningún sentido real de quién era o qué propósito tenía para vivir.

—Un lunes por la mañana —declaró Ken—, le clamé a Dios que entrara a mi vida, perdonara mis pecados y concediera paz y significado a mi vida. Cegado por las lágrimas, debí detenerme a un lado de la carretera. Esa mañana puse mi futuro en las manos de Jesucristo y le pedí que me mostrara cómo debía vivir. Le pedí que me diera paz y gozo. Él contestó mi oración, y por eso es que estás aquí ahora mismo, tratando de descubrir qué está pasando.

Ken hizo una pausa como para que el médico asimilara lo que acaba de decir.

—Pero no se trata de mi paz y mi gozo, sino de la paz y el gozo del Espíritu Santo por causa de Jesucristo —continuó entonces Ken—. En cinco minutos más te habrás ido. Mañana me iré a casa, y probablemente nunca nos volveremos a ver. Pero antes que te vayas, te diré algo que puede ayudarte. Si quieres lo que yo tengo, lo que María tiene, entonces te animo a que en algún momento hoy mismo vayas a un lugar tranquilo y le clames a Jesucristo. Cuéntale lo que hay en tu corazón. Pídele que perdone tus pecados y entrégale tu vida en fe. Resuelve el asunto. Entonces tendrás lo que tanto María como yo disfrutamos.

El secreto de Ken

Soy testigo presencial de la vida de Ken. Almorzamos juntos cada semana durante treinta y dos años, y a pesar de que él era treinta años mayor que yo, fuimos los mejores amigos. Ken no era un «hombre importante» en el sentido que el mundo lo define. Era un tipo común y corriente, un vendedor de pintura, que encontró su más grande gozo en darle su tiempo a Dios y en ayudar a las personas.

El secreto de Ken era que había resuelto su dilema: quién era «en Cristo» era su verdadera identidad. Este hombre era un discípulo de Jesús disfrazado de vendedor de pintura. En consecuencia, fue capaz de llevar una vida apasionada para la gloria de Dios hasta que exhaló su último y heroico aliento.

¿Qué podría ser más deseable? Sin duda, es por eso que los hombres que ayudaron a escribir este libro eligieron la *identidad* como uno de los diez temas que más importan.

Empecemos preguntándonos qué motivó a ese médico a buscar a Ken. ¿Qué deseaba? ¡Anhelaba lo que todos ansían!

QUÉ QUIEREN LOS HOMBRES

Todos estamos programados para tener tres anhelos:

Una causa: algo a lo que podamos dedicar nuestras vidas será determinante. Esta es nuestra necesidad de ser importantes, de encontrar un propósito y una misión. Tengo una frase escrita en el primer puesto de mi lista de cosas por hacer: «Prefiero morir por una causa digna que vivir sin motivo alguno».

Una compañía: alguien con quién compartir la vida. Esta es la esfera de las relaciones, del amor, de la familia, de los amigos o de una esposa. Un hombre sale a cazar su oso (su causa) y luego regresa a casa para ser felicitado o consolado por su esposa y la comunidad que lo ama y apoya.

Una convicción: un sistema de creencias que explica por qué los dos primeros anhelos son tan difíciles. *Convicción* es otra palabra para sistema de creencias o forma de ver el mundo. Todos queremos un sistema de creencias o manera de concebir el mundo que sea verdadero y coherente, y que dé sentido a Dios y a la vida. De los cuatro modos de ver el mundo (secular, moral, religioso y cristiano), todos terminan fallando, menos el cristianismo, y por lo general en el peor momento posible. La forma cristiana de ver el mundo es la única convicción que tiene más sentido a medida que pasa el tiempo. Todas las demás formas de ver el mundo tienen cada vez menos sentido debido a las inexplicables anomalías que siguen acumulándose.

Desde luego, podríamos hacer una lista mucho más extensa de deseos; mi misma lista solía ser más larga. Sin embargo, al trabajar con hombres como vocación, he descubierto que una vez que satisfaces estos tres anhelos, todo lo demás que quieres (y necesitas) generalmente se alinea.

La diferencia entre Ken y el médico era la convicción de cada uno. Segunda de Corintios 5:17 declara: «Si alguno está en Cristo, nueva criatura es; las cosas viejas pasaron; he aquí todas son hechas nuevas».

Ken aceptó a Cristo y su evangelio. Su «antigua» convicción, las «filosofías erradas y huecas» de este mundo, le habían fallado, tal como le fallaron al médico. Cuando la «nueva criatura» tomó el control, personas como el médico se dieron cuenta y quisieron saber qué tenía este hombre. La «nueva» criatura era contagiosa.

Esto nos lleva a la gran idea para este capítulo. Se trata de la única idea que, totalmente entendida y creída de veras, puede cambiar todo: *Cuando buscas tu identidad en Jesucristo y su evangelio, encuentras una satisfacción profunda y duradera, tan contagiosa que otros también la querrán.*

Aquí es donde la situación puede complicarse, ya que las preguntas como «¿quién soy y por qué existo?» no son fáciles de responder, ¿verdad? Las razones son muchas, pero creo que hay dos que es necesario mencionar: nuestro momento cultural y lo que se conoce comúnmente como «la caída».

NUESTRO MOMENTO CULTURAL

En primer lugar, la convulsión cultural de nuestra época no ayuda. La hombría actual está bajo una nube de sospecha.

Lamentablemente, el entretenimiento, las noticias y las redes sociales han creado «gran cantidad de creencias comunes»,[1] la mayoría negativas, acerca de quiénes son los hombres.

Como resultado, la identidad masculina ha sufrido un duro golpe. Sin embargo, la enorme mayoría de nosotros intentamos hacer lo correcto desde que nos levantamos de la cama. Por supuesto, algunos individuos hacen cosas malas, y sus pecados han dado lugar a estereotipos acerca de los hombres. Desde explotadores de mujeres obsesionados por el sexo, padres irresponsables, machistas incapaces de expresar emociones, muchachos superficiales pertenecientes a hermandades, políticos y empresarios codiciosos, hasta hombres y niños perezosos e irresponsables que se niegan a crecer y que ansían jugar videojuegos todo el día; estas suposiciones despectivas sobre una pequeña minoría masculina se han repetido millones de veces. A menudo las suficientes como para convertirse en una «perspectiva general». El escritor cristiano C. S. Lewis lo expresó muy bien:

> Cada época tiene su propia perspectiva. Todos los escritores contemporáneos comparten hasta cierto punto la perspectiva contemporánea, incluso aquellos como yo que parecen oponerse a ella. Nada me sorprende más cuando leo las controversias de épocas anteriores, que el hecho de que ambas partes solían asumir sin cuestionar muchos aspectos que ahora deberíamos negar rotundamente. Ellos se creían tan totalmente opuestos como dos bandos podrían estar, pero en realidad estaban unidos secretamente todo el tiempo (unidos entre sí y *contra* épocas anteriores y posteriores) por gran cantidad de creencias comunes.[2]

Puedes llegar a ser plenamente el hombre que Dios tenía en mente. Su promesa para ti es que no tienes que estar enjaulado en

1. C. S. Lewis, *God in the Dock* (Grand Rapids: Eerdmans, 1970), p. 202.
2. Lewis, *God in the Dock*, p. 202, cursivas originales.

la «perspectiva contemporánea». Jesucristo vino a liberarte: «Estad, pues, firmes en la libertad con que Cristo nos hizo libres, y no estéis otra vez sujetos al yugo de esclavitud» (Gálatas 5:1). Jesús ha proporcionado una vía de escape, la cual exploraremos en este libro.

LA CAÍDA

En segundo lugar, debemos llevar nuestras vidas en contra de la caída. Esta se describe en Génesis 3, y se refiere a la historia de cómo el pecado y el sufrimiento entraron en forma generalizada al mundo por los pecados de Adán y Eva. Debido a la caída, hay fuerzas que intentan constantemente lanzarnos a una crisis de identidad: el mundo, la carne y el diablo.

Soy plenamente consciente de que la simple insinuación de la caída es una de las principales razones de que algunos hombres rechacen la fe cristiana y la forma de ver el mundo. Pero permíteme brindarte algunas reflexiones para reforzar nuestra convicción cristiana. Blaise Pascal escribió:

> Sin duda, nada es más chocante para nuestra razón que decir que el pecado del primer hombre hizo culpables a los que, siendo tan alejados del pecado original, parecen incapaces de participar en él. Esta transmisión no solo nos parece imposible, incluso nos parece muy injusta... Ciertamente, nada nos repugna más que esta doctrina; y sin embargo, sin este misterio, el más incomprensible de todos, somos incomprensibles para nosotros mismos... De tal suerte que, no es por las soberbias agitaciones de nuestra razón, sino por la sencilla sumisión de la razón, que podemos conocernos verdaderamente.[3]

---

3. Blaise Pascal, *Pensées* (Londres: Penguin, 1966), pp. 65-66

La caída es una ofensa a la razón humana, pero una vez aceptada, resulta muy coherente con la condición humana. Por ejemplo, la caída explica por qué debemos hacer nuestro trabajo mientras sentimos el pinchazo de las espinas (Génesis 3:17-19). Además, nos ayuda a entender por qué a veces debemos disfrutar la belleza radiante de un amanecer a través de gruesas gafas que adornan el puente de una nariz que gotea.

Por suerte, la Biblia es un gran par de gafas para corregir nuestra perspectiva. Así como se nos advierte que tomemos precauciones contra la piratería cibernética, considera estas advertencias bíblicas en cuanto a ser pirateados por el mundo, la carne o el diablo.

Por el mundo. El apóstol Juan escribió: «No améis al mundo, ni las cosas que están en el mundo. Si alguno ama al mundo, el amor del Padre no está en él. Porque todo lo que hay en el mundo, los deseos de la carne, los deseos de los ojos, y la vanagloria de la vida, no proviene del Padre, sino del mundo. Y el mundo pasa, y sus deseos; pero el que hace la voluntad de Dios permanece para siempre» (1 Juan 2:15-17). El mundo incluye todos los enfoques de la vida, el trabajo y la familia que están en conflicto con el cristianismo, tales como el materialismo y consumismo.

Por la carne. Por otra parte, la carne se refiere a nuestras naturalezas pecaminosas. Jesús declaró: «Lo que del hombre sale, eso contamina al hombre. Porque de dentro, del corazón de los hombres, salen los malos pensamientos, los adulterios, las fornicaciones, los homicidios, los hurtos, las avaricias, las maldades, el engaño, la lascivia, la envidia, la maledicencia, la soberbia, la insensatez. Todas estas maldades de dentro salen, y contaminan al hombre» (Marcos 7:20-23).

Por el diablo. El diablo es el pirata en jefe, empeñado en engañarnos, acusarnos y hacernos sentir falsa condenación, vergüenza y culpabilidad. Jesús describe así al diablo: «Él ha sido homicida desde el principio, y no ha permanecido en la verdad, porque no hay verdad en él. Cuando habla mentira, de suyo habla; porque es mentiroso, y padre de mentira» (Juan 8:44).

Lo que más desea el diablo es robarte tu identidad y hacerte miserable la vida, por lo que el apóstol Pedro nos advierte: «Sed sobrios, y velad; porque vuestro adversario el diablo, como león rugiente, anda alrededor buscando a quien devorar» (1 Pedro 5:8).

Este es el momento de aclarar lo que entendemos por «identidad» para saber que estamos hablando de lo mismo.

TU IDENTIDAD «DEFINITIVA»

Cuando te ves a ti mismo, ¿a quién ves? ¿Qué imágenes te vienen a la mente? ¿Uno de tus *papeles,* como esposo o padre? ¿*Lo que haces,* como tu trabajo o ministerio? ¿Una imagen de *lo que tienes,* como tu casa, tu dinero y tu auto? ¿*Tu físico,* es decir tu apariencia, tu cuerpo o el color de tu piel? ¿*Las personas que conoces,* tus relaciones, conocidos o amigos? ¿Te defines por *de dónde eres o quién es tu familia*? ¿O ves la clase de persona que eres en *carácter y conducta*? ¿Y qué tan real crees que el hombre que ves se compara con el hombre que Dios ve?

Parte de tu identidad es como la ropa que usas: lo que haces, lo que tienes, cómo te ves, a quién conoces y dónde vives. Todo esto conforma tu identidad «definitiva»: los aspectos visibles que otros recuerden de ti cuando te hayas ido.

He aquí el problema: Si lo que haces es lo que eres, ¿quién entonces serás cuando ya no hagas lo que haces? Si lo que tienes, lo que sabes y de dónde vienes indican quién eres, ¿quién entonces serás cuando esas cosas desaparezcan? Si desaparecen, ¿significa que tu identidad se ha perdido?

TU IDENTIDAD «DESNUDA DELANTE DE DIOS»

La otra parte de tu identidad es como el cuerpo debajo de la ropa: lo que los hombres dicen realmente importa más cuando hacen un balance de sus vidas: tu esposa, tus hijos, tus amigos, tu fe, tu corazón, tu llamado, tu carácter y tu comportamiento. Estos aspectos conforman tu identidad «desnuda delante de Dios».

Cuando eligieron a David como el rey de Israel, el Señor envió a Samuel a casa de Isaí. Cuando el profeta llegó, vio al apuesto hijo de Isaí y se dispuso a ofrecerle el cargo. Pero el Señor declaró: «No, él no es».

> Y Jehová respondió a Samuel: No mires a su parecer, ni a lo grande de su estatura, porque yo lo desecho; porque Jehová no mira lo que mira el hombre; *pues el hombre mira lo que está delante de sus ojos, pero Jehová mira el corazón.*
>
> *1 Samuel 16:7*

Las personas te juzgan por tu apariencia, pero Dios no hace tales juicios. Lo que eres en tu corazón es quien realmente eres. Esta identidad «desnuda delante de Dios» es el tema que nos ocupa.

¿Me harías un favor? ¿Podrías, hasta donde te sea posible, agarrarte la cabeza con las manos? Ahora, durante unos segundos, cierra los ojos y piensa en las estrellas y la enormidad del espacio. A continuación, considera, en comparación, lo pequeña que es tu cabeza en tus manos: tu conciencia, tu intelecto, tu voluntad, tus emociones, todo aquello que la Biblia denomina el «corazón». ¿Quién es este «hombre», y por qué existes?

Es aleccionador, ¿verdad?

Ahora imagina al rey David, el hombre conforme al corazón de Dios, sosteniendo su cabeza entre las manos. Él también hizo esta pregunta definitiva sobre nuestra identidad: ¿quiénes somos, y por qué existimos? Su respuesta, que resuena a lo largo de las Escrituras, nos brinda la respuesta cristiana a quiénes somos y cuál es el objetivo de nuestras vidas:

> *Cuando veo tus cielos, obra de tus dedos,*
> *La luna y las estrellas que tú formaste,*
> *Digo: ¿Qué es el hombre, para que tengas de él memoria,*
> *Y el hijo del hombre, para que lo visites?*
>
> Nuestra identidad: Quiénes somos
> *Le has hecho poco menor que los ángeles,*
> *Y lo coronaste de gloria y de honra.*
>
> Nuestro propósito: El objetivo de nuestras vidas
> *Le hiciste señorear sobre las obras de tus manos;*
> *Todo lo pusiste debajo de sus pies.*
>
> *Salmos 8:3-6, encabezados añadidos*

Cuando Dios te mira, no solo te ve a ti: *ve su reflejo en ti.* Fuimos hechos para *reflejar* su identidad. Los teólogos llaman a esto la *imago dei:* la imagen de Dios. Recordemos un pasaje que se hace eco de Salmos 8:

> Entonces dijo Dios: *Hagamos al hombre a nuestra imagen, conforme a nuestra semejanza*; y señoree en los peces del mar, en las aves de los cielos, en las bestias, en toda la tierra, y en todo animal que se arrastra sobre la tierra.
>
> *Y creó Dios al hombre a su imagen, a imagen de Dios lo creó; varón y hembra los creó.*
>
> *Génesis 1:26-27*

Nuestra identidad (quiénes somos, nuestro «ser», parecernos a los ángeles y reflejar la imagen misma de Dios) se repite cuatro veces en las partes entre cursivas del versículo anterior.

La razón de nuestra existencia (el propósito de nuestras vidas, nuestra «misión») es cuidar la cultura y edificar el reino de Dios. Básicamente, Jesús declaró: «Estás a cargo hasta que yo regrese».

Descubrir quién era y qué propósito tenía en la vida fue lo que hizo a mi amigo Ken tan contagioso. Y no hay razón para que no podamos ser tan contagiosos como él. Pero ¿dónde comenzamos? Quizás lo mejor sea establecer en forma voluntaria las «funciones» que son tan valiosas para nosotros y los «atributos» que deseamos exhibir.

Identidad como «funciones»

Cuando pienso en quién soy y cuál es el propósito de mi vida, principalmente pienso en mis funciones. Al empezar cada día, oro de esta manera:

> *Padre, venimos a encontrarnos y a permanecer contigo, nuestro muy amado Creador, Sustentador y Redentor. Oramos para que nos encuentres y permanezcas con nosotros, tus muy amados hijos e hijas.*
>
> *Jesús, venimos a encontrarnos y a permanecer contigo, nuestro muy amado Salvador, Señor y Maestro. Oramos para que nos halles y permanezcas con nosotros, tus discípulos, amigos y siervos muy amados.*
>
> *Espíritu Santo, venimos a encontrarnos y a permanecer contigo, nuestro muy amado Consolador, Consejero y Poder. Oramos para que nos encuentres y permanezcas con nosotros, tus muy amados templos, vasijas y alumnos.*

Paso a sacar y enumerar las funciones que menciono en mi oración diaria:

Hijos e hijas: ¿Existe mayor gozo que «sentirse» totalmente amado y aceptado sin reservas?

Discípulos: Ser un discípulo es el mayor honor al que un hombre puede aspirar. Más adelante profundizaremos en esto con mayor detalle, pero por ahora, definamos a un discípulo como alguien que cree en Jesús y que anhela modelar su vida según las enseñanzas y el ejemplo del Señor.

Amigos: En Juan 15:15, Jesús expresa: «Os he llamado amigos, porque todas las cosas que oí de mi Padre, os las he dado a conocer».

Siervos: Debido al amor, la gracia y la misericordia de Jesús, sentimos que ya no podemos ser felices a menos que le sirvamos como expresión de nuestra profunda gratitud.

Templos: El Espíritu Santo vive dentro de nosotros. «Albergamos» la presencia de Dios. Pienso en eso todo el tiempo.

Vasijas: Cuando nos acercamos a Dios, el Espíritu Santo nos llena con tanto amor, gracia, compasión, bondad y generosidad que no solo tenemos suficiente para nosotros, sino que podemos compartir tal «abundancia» con los demás, como hacía Ken, por medio del amor y los actos de servicio.

Alumnos: en Juan 14:26, el Espíritu Santo ha sido enviado para enseñarnos todas las cosas y recordarnos todo lo que Jesús nos dijo.

Desde luego, esta no es una lista completa, pero estas funciones son valiosas para mí. Sin duda puedes añadir otras que sean meritorias para ti y borrar algunas de las mías. Por ejemplo, podrías agregar la función de esposo o mayordomo.

Sin embargo, lo importante es que mantener una lista de esta clase, sea en forma escrita o mental, es una manera precisa y excelente de entender y reforzar constantemente nuestra identidad. ¿Cómo describirías tu identidad en términos de funciones? Siéntete libre de adoptar o adaptar mi lista.

Sugiero que escribas estas funciones, y puedes hacerlo aquí mismo:

- ____
- ____
- ____
- ____
- ____

Identidad como «atributos»

Otra manera de pensar en quién soy y en cuál es el propósito de mi vida tiene que ver con la clase de hombre que deseo ser en *carácter y conducta*, o «atributos». Dios no ha dejado esto al azar. Nos ha dicho qué atributos debemos valorar más, y ha prometido dárnoslos libremente por medio de su Espíritu como fruto de nuestra permanencia en Cristo:

> El fruto del Espíritu es amor, gozo, paz, paciencia, benignidad, bondad, fe, mansedumbre, templanza.
>
> *Gálatas 5:22-23*

Y ya que se encuentra en casi todas las páginas de la Biblia, creo que es adecuado agregar la humildad a cualquier lista de atributos deseables de identidad:

> Dios resiste a los soberbios, y da gracia a los humildes.
>
> *Santiago 4:6*

He aquí los atributos en forma de lista:

- amor
- gozo
- paz
- paciencia
- benignidad
- bondad
- fe
- mansedumbre
- templanza
- humildad

¿Hace justicia esta lista a los atributos de identidad que te gustaría exhibir? De ser así, considera aprender de memoria los dos versículos anteriores, a fin de que los tengas siempre en la punta de la lengua.

Recuerda, el fruto del Espíritu es lo que Dios hace por ti, no lo que tú haces por Él. Un día, mi amigo Eric me llamó y me pidió: «Pat, ora, por favor, porque yo adquiera paciencia». Le expliqué que no necesitaba que yo orara por su paciencia. Simplemente debía caminar en el poder del Espíritu Santo, y la paciencia sería el subproducto. ¡Esa es una manera mucho menos dolorosa de obtener paciencia! Lo mismo puede decirse de todos estos atributos. No son algo que por voluntad propia hacemos que exista, sino que, como lo que dijo Ken sobre la paz y el gozo, son el fruto de caminar con Jesús en el poder de su Espíritu.

UN ABRAZO Y UNA DECLARACIÓN

¿Cómo concluiremos este capítulo, porque es evidente que decenas de miles de libros se han escrito sobre el tema de la identidad? Comencemos con estas dos ideas: un abrazo (algo que Dios puede hacer por ti) y una declaración (algo que puedes hacer por Dios).

«¿Puedo abrazarte?», dice Dios

He observado a grandes oradores intentando inspirar a hombres para que cambien el mundo apelando a su valentía, orgullo, fortaleza interior, obligación moral, sentido del deber, disposición de sacrificarse y «esto es lo que debes hacer realmente». Tales apelaciones, especialmente cuando están cargadas de emociones, pueden entusiasmar, inquietar y encender a los hombres. Por un tiempo. Pero en la mayoría de los casos, los mares divididos vuelven a la calma unos días después. Lo «nuevo» se vuelve «viejo», y los hombres regresan a su antigua forma de vida.

Sin embargo, he visto que hay algo que cambia en forma real y verdadera los corazones de los hombres. Es llevarlos a la presencia real de Jesús, aunque solo sea por un momento breve, para que obtengan una visión un poco más amplia de quién es Dios. Los corazones de los hombres cambian cuando *sienten en* sus emociones lo que *creen en* sus mentes: que Dios realmente los ama sin reservas, en forma incondicional, tal como son.

El llamado que recibí de parte del Señor para dejar los negocios y dedicarme de tiempo completo al ministerio es: «Quiero que lleves mi mensaje de amor a una generación quebrantada». Por eso creo que Dios desea que yo te diga que te ama mucho. En realidad, creo que ansía darte un abrazo. Escucha con atención lo que Él tiene que decirte:

> Te amo mucho. Conozco tu nombre. Te entretejí en el vientre de tu madre. Todos los días de tu vida fueron ordenados antes que uno de ellos tuviera lugar. He determinado los tiempos y lugares exactos donde debes vivir. Tus tiempos están en mis manos. Conozco tus pensamientos, aun a la distancia. Conozco toda palabra que pronuncias antes que se forme en tu lengua. Eres mi nueva creación. Eres la expresión plena de mi genio creativo. Yo estaba en mi mejor momento cuando te formé.
>
> Nunca te abandonaré ni te dejaré. Nadie podrá arrebatarte de mis manos. Comencé en ti la buena obra y la perfeccionaré hasta completarla. Cuando seas una caña débil, no te romperé. Cuando seas una mecha humeante, no te apagaré. Dos pajarillos se venden por unos centavos, pero ni uno solo cae en tierra sin que yo lo sepa; y tú vales más que muchos pajarillos. Soy paciente, y no quiero que nadie perezca. Mi palabra que sale de mi boca para ti logrará todo esto y conseguirá lo que quiero.

Las palabras en este «abrazo» se han adaptado directamente de la Biblia. He omitido a propósito las referencias porque quiero que leas y asimiles la ternura del amor que Dios tiene por ti. ¿Cómo responder a tan maravillosas noticias?

Un llamado a la acción: Algo que puedes hacer por Dios

Finalizo este primer capítulo con un «llamado a la acción» y te doy la oportunidad de que declares tu identidad «en Cristo» y cuál es el propósito de tu vida. Al hacer la siguiente declaración, puedes afirmar: «Las cosas viejas pasaron; he aquí todas son hechas nuevas».

MI DECLARACIÓN DE HOMBRÍA CRISTIANA

Padre celestial: Estoy cansado de una fe débil e insatisfactoria. Estoy cansado de llevar una vida fragmentada. Deseo estar tan plenamente «en Cristo», que los demás anhelen contagiarse de lo que tengo. Al ser «nueva criatura» anhelo conocer tu amor por mí como hijo, discípulo, amigo, siervo, templo, vasija y alumno del Espíritu Santo. Quiero experimentar y exhibir de manera contagiosa todo el fruto de tu Espíritu, con toda humildad.

Por tanto, hoy asumo aquí mi posición. Me arrepiento de todos mis caminos mundanos y pecaminosos, y pongo mi fe solamente en Cristo. Por la presente declaro que de hoy en adelante dejaré de buscar al dios, o a los dioses, que he deseado, y comenzaré a buscar al Dios verdadero. Me comprometo a llevar una vida de devoción saturada de la Biblia y de conocer a Dios.

Mi deseo es renovar mi mente, ser un hombre conforme al corazón de Dios, vivir de la abundancia de una relación vibrante con Jesús, y seguir plenamente a Jesucristo de todo corazón en cada uno de mis días. Me dedicaré a vivir en una relación correcta con Dios y con todas las personas, y a ejercer mis dones a fin de cumplir el llamado divino en mi vida.

Mi verdadera identidad está «en Cristo». Me comprometo a vivir libremente para la gloria de Dios en todos mis caminos. Confieso francamente que no puedo hacer nada de esto separado de tu gracia, Padre, por medio de Jesús y del poder del Espíritu Santo. Por tanto, hoy día prometo mi lealtad a una vida de masculinidad centrada en Cristo. Si me hicieran un corte en la piel, quisiera que en mi sangre se viera a Jesús. Amén.

____ (firma y fecha)

Felicitaciones por tomar una postura sobre tu identidad. Quién eres en Cristo es quien realmente eres. En el próximo capítulo exploraremos cómo esta comprensión de nuestra identidad puede transformar nuestra vida diaria. Pero primero consideremos estas tres preguntas.

Preguntas de reflexión y para grupos pequeños

1. ¿Eres más como Ken o más como el médico, o algo intermedio? Si ahora mismo tuvieras que escribir tu identidad «desnuda delante de Dios», ¿qué escribirías?

2. En este capítulo analizamos la identidad en cuanto a nuestras funciones y nuestros atributos. ¿Cuáles de tus funciones son más importantes para ti, y por qué? ¿Qué

atributos quieres exhibir más, y por qué? ¿Cómo te ayuda este enfoque a entender mejor quién eres y cuál es el propósito de tu vida?

3. ¿Te gustó el «abrazo de Dios»? Ya sea para aceptarlo por primera vez o para reafirmar que eres una «nueva criatura» en Cristo, ora en voz alta mi Declaración de Masculinidad Cristiana (oren juntos si se encuentran en un grupo) como tu oración de cierre.

DOS

VIDA EQUILIBRADA

Ser fiel con todo lo que se me ha confiado

Ahora bien, se requiere de los administradores, que cada uno sea hallado fiel.

1 CORINTIOS 4:2

Tienes todo el tiempo que necesitas para hacer todo lo que Dios quiere que hagas.

En varias semanas James no devolvió ninguno de los seis mensajes de texto que le envié.

—¿Por qué no contestaste ninguno de mis textos? —le pregunté cuando finalmente nos conectamos.

—Pat, lo siento de veras —contestó—. He tenido que trabajar fuera de la ciudad durante diez de los últimos treinta días. Mi esposa no está contenta con todos esos viajes. Me perdí el juego de campeonato de las Ligas Menores de nuestro hijo, en que bateó dos jonrones e hizo la carrera ganadora. A mi hija la están acosando en las redes sociales, lo que le está pasando factura emocional. Tengo más de cien correos electrónicos, mensajes de texto y llamadas telefónicas con relación al trabajo que aún debo contestar. Para ser sincero, estoy tan abrumado que me siento paralizado.

Entiendo esta situación, y tengo la seguridad de que tú también. Es fácil desequilibrarse y no saber cómo resolver lo que te abruma. Los veinticuatro hombres que definieron el contenido para este libro estuvieron a un solo voto de hacer de la vida equilibrada su tema #1, e hicieron esta clase de preguntas:

- ¿Cómo debería ser un día normal para un hombre cristiano?
- ¿Cómo equilibro la vida diaria sin perder el enfoque en Dios y en lo que es importante?
- ¿Cómo establezco prioridades en forma eficaz?
- ¿En qué maneras logro salir de mi rutina normal y crear una que sea piadosa?
- ¿Qué consejos aplicables me pueden ayudar a usar mejor mi tiempo, en especial para mi crecimiento personal?

- Quiero que todo lo que haga refleje a Jesús. ¿Cómo puedo lograr esto?
- Anhelo una clara separación entre mi trabajo y mi familia. ¿Cómo lo hago?
- ¿Son buenos los pasatiempos?

Estas son las preguntas de hombres que entienden que se les ha confiado algo, algo que deben administrar y cuidar. Ellos *quieren* ser hallados fieles.

Como ya hemos dicho, ninguna persona falla a propósito. Pero la mayoría de nosotros tenemos más exigencias en nuestra época que tiempo para dar: presiones económicas, laborales, matrimoniales, de paternidad, sociales, de salud. ¡Todo tipo de presiones! Y cada vez aumentan más.

Entonces, ¿cómo solucionamos el problema? ¿Cómo equilibrar todas tus exigencias de tiempo, intelecto, emociones, dinero y relaciones? ¿Cuál es la combinación saludable?

JESÚS Y LAS PRESIONES DE LA VIDA

La Biblia enseña que Jesús fue plenamente Dios y plenamente hombre, ¡un gran misterio! El Jesús *humano* experimentó los mismos problemas nuestros, no podía estar en más de un lugar a la vez. Al igual que nosotros, fue llevado continuamente en demasiadas direcciones. Así como nosotros, sintió las presiones que pueden llevar a una vida desequilibrada.

En cierta ocasión, Jesús pasó la mayor parte de la noche curando personas en Capernaum (Lucas 4:31-41), donde se encontraba la sede de su ministerio. Las Escrituras revelan: «Cuando ya era de día, salió y se fue a un lugar desierto; y la gente le buscaba, y llegando a donde estaba, le detenían para que no se fuera de ellos» (v. 42).

¿Por qué intentaban impedir que Jesús se fuera? Cuanto mejor seas en lo que haces, más querrá la gente de ti. Simplemente así es la naturaleza humana. Pero esto siempre se sentirá como presión. ¿De qué modo manejó Jesús la presión? «Pero él les dijo: Es necesario que también a otras ciudades anuncie el evangelio del reino de Dios; porque para esto he sido enviado» (Lucas 4:43).

Jesús sabía quién era y cuál era el propósito de su vida... su identidad. Como resultado, tenía claro lo que su Padre quería lograr por medio de Él. ¿Cómo resolvió Jesús el problema de tener «demasiadas cosas que hacer»? Fue intencional. Asumió el control de su calendario: «Y predicaba en las sinagogas de Galilea» (Lucas 4:44).

Hoy día somos cristianos porque Jesús «predicaba». Debido a que Jesús vivió según sus prioridades (no según sus presiones), tuvo todo el tiempo que necesitaba para hacer todo lo que el Padre quería que hiciera. Tú también puedes lograr esto.

Y eso nos lleva a la gran idea de este capítulo: tienes todo el tiempo que necesitas para hacer todo lo que Dios quiere que hagas. Aquí te ayudaré a establecer en tu mente lo que Dios quiere lograr por medio de ti y para ti. Al final, podrás

- entender qué son prioridades y cómo establecerlas;
- decidir y clasificar tus prioridades;
- completar un plan *específico para ti* que te ayude a ser intencional, a controlar tu calendario y a llevar una vida más equilibrada.

¿QUÉ SON LAS PRIORIDADES?

Una prioridad es todo aquello a lo que asignamos un alto grado de urgencia o importancia. Prioridad es lo que decidimos de antemano que es más importante. Por tanto, las prioridades preceden a la fijación de objetivos y a la toma de decisiones. Nos ayudan a manejar las presiones que de otra manera nos manejarían.

Las prioridades pueden ser diarias, o de corto o largo plazo. Para nuestros propósitos, nos enfocaremos en las de largo plazo que nos mantendrán equilibrados, tales como amar a Dios, permanecer casados, ser buenos padres, hacer el trabajo que importe y mantener seguridad financiera.

La clave, como en el caso de Jesús, es decidir nuestras prioridades *con antelación*. Las prioridades son como descargar de antemano en tu aplicación GPS una caminata planificada para que siempre puedas saber si te encuentras donde querías estar. Una vez establecidas tus prioridades, estarás escribiendo, literalmente, la historia *futura* para todos los efectos y propósitos.

¿CUÁNTAS PRIORIDADES PUEDE MANEJAR UN INDIVIDUO?

Tener demasiadas prioridades es una queja habitual. Un artículo de *Harvard Business Review* citó un estudio de 1.800 ejecutivos de todo el mundo en que dos tercios afirmaron tener demasiadas prioridades conflictivas.[1] Si alguna vez has trabajado en una empresa o un negocio así, es probable que tú y tus compañeros sintieran que la estrategia comercial era incoherente.

El inversionista Warren Buffet, el «Oráculo de Omaha», indicó que solo puedes manejar cinco prioridades. Él era fanático en cuanto a saber lo que deseamos, aprender las herramientas necesarias para conseguirlo, reducir a cinco nuestra lista de prioridades y luego elaborar lo que denominó «cosas que debemos

1. Véase Paul Leinwand y Cesare Mainardi, «Stop Chasing Too Many Priorities», *Harvard Business Review*, 14 de abril de 2011, https://hbr.org/2011/04/stop-chasing-too-many-prioriti.

evitar a toda costa», compuesta de todo lo que esté más allá de nuestras cinco prioridades.[2]

Por supuesto, no existe una ley férrea sobre cuántas prioridades se pueden tener. Somos demasiado diversos para eso. Y las prioridades cambian con las estaciones de la vida. No obstante, en el mundo del sentido común, sabemos que los hombres que pueden enfocarse en hacer bien unas pocas cosas tienden a obtener mejores resultados que los que no actúan así. Las probabilidades de tener éxito disminuyen cada vez que agregas algo nuevo. Por eso es que tenemos el dicho: «El que mucho abarca, poco aprieta». El día tiene un número determinado de horas.

¿CUÁLES SON LAS PRIORIDADES DEL HOMBRE CRISTIANO?

No existe una descripción estereotipada del «hombre cristiano». Las prioridades no son «talla única». Un seguidor de Jesús en Pakistán tendrá una imagen mental muy diferente de un «ganador» que un estadounidense de clase media. Dicho esto, todos tenemos aproximadamente las mismas prioridades.

No hay un mapa universal que te lleve a tu destino, pero las cinco prioridades bíblicas siguientes te ayudarán a manejar esas presiones que, de otra manera, controlarían tu vida. Como dice el dicho: «Si no sabes a dónde vas, cualquier camino te llevará allí».

Reflexiona en cómo cada uno de los siguientes puntos se alinea con dónde estás hoy y dónde te gustaría estar en diez años. Más adelante tendrás la oportunidad de usar esas reflexiones en una autoevaluación. También, una vez que las hayas leído,

---

2. «Warren Buffett's 5-Step Process for Prioritizing True Success (and Why Most People Never Do it)», Live Your Legend, 1 de febrero de 2011, https://liveyourlegend.net/warren-buffetts-5-step-process-for-prioritizing-true-success-and-why-most-people-never-do-it.

te sugiero que hagas un retiro personal para ajustar o cambiar tus prioridades y rellenar los espacios en blanco que aparecen a continuación con tus objetivos personales. He agregado algunos «versículos para estudiar» para una reflexión más profunda. Tu retiro podría durar una hora o medio día, o podrías ir a una cabaña y pasar allí la noche.

1. Amar a Dios

A pesar de todo lo que se acaba de decir, amar a Dios es la máxima e inequívoca prioridad para el hombre cristiano. Cuando le preguntaron a Jesús: «Maestro, ¿cuál es el gran mandamiento en la ley?», contestó: «Amarás al Señor tu Dios con todo tu corazón, y con toda tu alma, y con toda tu mente. Este es el primero y grande mandamiento» (Mateo 22:36-38).

La palabra *primero* en el versículo viene de la expresión griega *protos*, de la que obtenemos vocablos como *prototipo* («primero de una especie»). La palabra *grande* viene de la expresión griega *megas*, de la que obtenemos los vocablos que empiezan con *mega*. Amar a Dios es el proto-mega-mandamiento.

Amar a Dios es lo que más importa. Debemos amar a Dios con todo nuestro ser, con cada onza de nuestra energía y con toda nuestra fortaleza. Agustín de Hipona declaró: «Ama y haz lo que quieras», lo que otros han parafraseado: «Ama a Dios, y haz lo que quieras».[3]

Por supuesto, la Biblia no dice eso específicamente, es una exageración. Sin embargo, Jesús sí manifestó: «Si me amáis, guardad mis mandamientos... El que tiene mis mandamientos, y los guarda, ese es el que me ama... El que me ama, mi palabra guardará» (Juan 14:15, 21, 23).

3. Graeme, «Thelema», The Will Project, 14 de marzo de 2011, https://willproject.org/history/thelema.

Por tanto, aunque Agustín y los parafraseadores hablaban en forma exagerada, también hay un argumento de peso de que esto constituye una teología realmente buena. Cuanto más amamos a Dios, más anhelamos lo que Él quiere.

He aquí cinco maneras en que podemos aumentar nuestro amor por Dios.

Conocer a Dios

El famoso predicador y escritor Charles Spurgeon supuestamente declaró: «No creo que haya habido quince minutos consecutivos de vigilia en cuarenta años en que yo no haya estado claramente consciente de la presencia de nuestro bendito Señor».[4]

Existe un Dios que queremos, y existe un Dios que es. No son el mismo Dios. Un día me di cuenta de que desear «al Dios que quiero» no influirá en lo más mínimo en su naturaleza inmutable. El momento decisivo de nuestras vidas es cuando dejamos de buscar al Dios que queremos y empezamos a buscar al Dios que es.

Nuestra labor no es cambiar a Dios, sino más bien permitirle que cambie los afectos básicos de nuestros corazones. Eso sucede cuando humildemente hacemos de Jesús el Señor de nuestras vidas, no solo nuestro Salvador. Hacer de Jesús nuestro Señor significa poner toda nuestra vida bajo su autoridad.

Versículos para estudiar: Salmos 96:1-9; Ezequiel 1:25-28; Apocalipsis 4, 5, 21, 22.

Ejemplo de objetivo: Deseo conocer realmente a Jesús. Buscaré al Dios de la Biblia, lo invitaré a cambiar los afectos básicos de mi corazón. Comenzaré cada día con fe y arrepentimiento. Haré de Jesús el Señor de mi vida.

---

4. Citado en James A. Francis, «The Easter Faith», en *The Baptist 1*, nro. 9 (27 de marzo de 1920): p. 300.

Mi objetivo: ______________________________

____

____

* Mientras lees, escribe un objetivo personal en los espacios proporcionados, aunque solo sea un primer borrador.

Autoexamen

El escritor cristiano Richard Foster expresó: «La superficialidad es la maldición de nuestra era... Lo que hoy se necesita desesperadamente no es un número mayor de personas inteligentes, ni de personas de talento, sino de personas de vida espiritual profunda».[5]

Vivimos en una era maravillosa, pero con un lado tétrico. Muchos de nosotros hoy día tenemos una prisa estructural, un ritmo veloz está estructurado en nuestras vidas. El precio de este paso es la paz. Decide tomar de vez en cuando un descanso para examinar tu alma. Juan Calvino escribió ilustremente: «Casi toda la suma de nuestra sabiduría... consiste en dos puntos: el conocimiento que el hombre debe tener de Dios, y el conocimiento que debe tener de sí mismo».[6]

Versículos para estudiar: Salmos 17:3; 26:1-12; 32:8; 139:1-24; 2 Corintios 10:3-5; 13:5.

Ejemplo de objetivo: Programaré dos horas el primer sábado por la mañana de cada mes para desacelerar, examinar mi corazón, pensar profundamente en mi vida y hacer los cambios necesarios en función de cómo entiendo los propósitos más importantes de Dios para mi vida.

---

5. Richard Foster, *Celebración de la disciplina* (Buenos Aires, Peniel, 2009), p. 34.
6. Juan Calvino, *Institutes of the Christian Religion*, vol. 1, ed. John T. McNeill (Philadelphia: Westminster, 1960), p. 35. Publicado en español por Editorial Peregrino con el título *Institución de la religión cristiana*.

Mi objetivo: ______________________________

____

____

La Biblia

Personalmente, nunca he conocido a un hombre cuya vida haya cambiado de alguna manera significativa aparte del estudio regular de la Palabra de Dios. La mayoría de nosotros hemos oído a alguien manifestar: «Yo sabía acerca de Dios, pero no lo conocía». Quizás un mayor problema hoy día es que las personas conocen a Dios, pero no saben nada en cuanto a Él.

La mejor manera de conocer a Dios es estudiar personalmente su éxito de ventas: la Biblia. No usamos nuestra experiencia personal para interpretar nuestras biblias; utilizamos nuestras biblias para interpretar nuestra experiencia personal. No solamente leo mi Biblia; mi Biblia me lee.

Versículos para estudiar: Salmos 1:1-3; 119:9-11, 89-104; Juan 20:30-31; Romanos 15:4; 2 Timoteo 3:16-17.

Ejemplo de objetivo: Este año leeré *La Biblia en un año* y aprenderé de memoria un versículo bíblico cada mes.

Mi objetivo: ______________________________

____

____

Oración

Se dice que Martín Lutero afirmó: «Tengo tantas cosas que hacer que debo invertir las primeras tres horas en oración».[7]

—¿Son ustedes un ministerio de oración? —preguntó un hombre a quien entrevistaban para un cargo en nuestro ministerio.

---

7. Citado en Coalición por el Evangelio, https://www.coalicionporelevangelio.org/articulo/una-manera-simple-de-orar-todos-los-dias/.

—Sí —contestó su entrevistador.

—Para que no haya malentendido —declaró entonces—, no solo estoy preguntando si ustedes creen en la oración, sino si oran.

No solo creamos en la oración, ¡oremos! La oración es la moneda de nuestra relación personal con Jesús.

Oremos durante todo el día, porque orar una vez al día es como consumir solo una papa frita. La oración debe ser una conversación constante con un Padre que quiere suplirte todo lo que necesitas. Orar es trabajo duro, pero libera el poder de Dios en las acciones humanas.

Versículos para estudiar: Mateo 6:5-15; Efesios 6:18; 1 Tesalonicenses 5:17; Santiago 5:16.

Ejemplo de objetivo: Pasaré tiempo en oración antes de tomar cualquier decisión importante. Comenzaré cada día con oración.

Mi objetivo: ______________________________

____

____

Iglesia

La Biblia no dice: «Vuestro adversario el diablo, como león rugiente, anda alrededor buscando algún grupo a quien devorar». Dice que está buscando a «alguien», una persona, «a quien devorar» (1 Pedro 5:8). Un lobo astuto no ataca el rebaño; espera que una oveja solitaria se descarríe.

He aquí una gran ironía: por lo general, las personas menos involucradas en la iglesia son las que más la necesitan. Pero a menudo la iglesia ministra mejor a sus miembros más involucrados. ¿La solución? Si eres alguien necesitado, involúcrate más (aunque comprendo que esa no es una tarea fácil, especialmente cuando es la iglesia la que ha herido tus sentimientos).

¿Y si ya estás activamente involucrado en tu iglesia? Pasa tiempo acercándote a personas marginadas de tu iglesia. Son fáciles de detectar. Son los no comprometidos que actúan como si todo estuviera bien, y es por eso que no se involucran más. Puedo asegurarte que no están bien.

Versículos para estudiar: Hebreos 10:23-25; 1 Pedro 5:8.

Ejemplo de objetivo: Buscaré maneras de participar activamente tanto en convertirme en discípulo como en hacer discípulos en mi iglesia.

Mi objetivo: ______________________________________

____

____

En el próximo capítulo, «Crecimiento: Ser un hombre centrado en el reino», profundizaremos más en el tema de amar a Dios.

Espero que estas diferentes maneras de amar a Dios te sean útiles en tu búsqueda de una vida más equilibrada. Pasemos ahora a la segunda de las cinco prioridades para el hombre cristiano.

2. Amar a las personas

La Biblia está repleta de ejemplos de amor al prójimo. Después que Jesús respondió que el primero y más grande mandamiento es amar a Dios, continuó: «Y el segundo es semejante: Amarás a tu prójimo como a ti mismo. De estos dos mandamientos depende toda la ley y los profetas» (Mateo 22:39-40).

¡Jesús no dejó abiertas a la interpretación nuestras dos principales prioridades! Incluso subió la apuesta en el libro de Juan a *como yo os he amado:* «*Un mandamiento nuevo* os doy: Que os améis unos a otros; *como yo os he amado,* que también os améis unos a otros» (Juan 13:34).

La prioridad de amar a las personas capta *la esencia de todo* lo que enseñan el Antiguo y el Nuevo Testamento. ¿Te parece una exageración? Míralo por ti mismo:

> No debáis a nadie nada, sino el amaros unos a otros; porque el que ama al prójimo, ha cumplido la ley. Porque: No adulterarás, no matarás, no hurtarás, no dirás falso testimonio, no codiciarás, y cualquier otro mandamiento, en esta sentencia se resume: Amarás a tu prójimo como a ti mismo. El amor no hace mal al prójimo; así que el *cumplimiento* de la ley es el amor.
>
> *Romanos 13:8-10*

> Así que, *todas las cosas* que queráis que los hombres hagan con vosotros, así también haced vosotros con ellos; porque *esto es* la ley y los profetas.
>
> *Mateo 7:12*

> Porque toda la ley en esta sola palabra *se cumple*: Amarás a tu prójimo como a ti mismo.
>
> *Gálatas 5:14*

El amor es el pegamento que puede mantenernos unidos y el aceite que puede evitar que nos rocemos unos a otros en la manera equivocada. Así que, «ante todo, tened entre vosotros ferviente amor; porque el amor cubrirá multitud de pecados» (1 Pedro 4:8).

Exploremos los lugares en que queremos dar amor y hablemos de cómo participarlo.

Amar a mi esposa (si estás casado)

La mayoría de los hombres están casados o esperan estarlo un día. Si tomamos todos los problemas de los varones y ponemos el problema del matrimonio en una pila y los demás problemas en otra, el del matrimonio por sí solo se ubica más elevado que todos los demás problemas combinados. Fácilmente, el problema principal que la mayoría de los hombres enfrentan hoy día es que sus matrimonios no funcionan de la manera que Dios deseaba.

Cuando la fiesta se termina, las luces se apagan y los niños crecen y se van, solo quedarán dos mecedoras una al lado de la otra. Tú y tu esposa son realmente los únicos dos que están juntos en esto.

Versículos para estudiar: 1 Corintios 7:1-17; Efesios 5:25-31; 1 Pedro 3:7.

Ejemplo de objetivo: Por la forma en que invierto mi tiempo demostraré que mi esposa es realmente la persona más importante en mi vida después de Dios, pero antes que todas las demás.

Mi objetivo: ______________________________

____

____

Profundizaremos más en el matrimonio en el capítulo 4: «Matrimonio: Encontrar en mi esposa a mi mejor amiga».

Amar a mis hijos (si eres padre)

Si a tus hijos les va bien, todos tus demás problemas cabrán en un dedal. Ninguna cantidad de éxito en el trabajo puede compensar un fracaso en el hogar. Así que sé para tus hijos su líder espiritual, su mayor admirador, su animador, su campeón, su mentor y su ejemplo. Ora por ellos. Pasa tiempo con ellos en las maneras que lo desean: juegos de mesa, paseos, ir a sus eventos deportivos... Dile a cada hijo todos los días: «¡Te amo!» y «¡Estoy orgulloso de ti!», tal como Dios le dijo a su Hijo en Mateo 3:17.

Versículos para estudiar: Deuteronomio 11:18-21; Salmos 78:1-8; Efesios 6:4; Colosenses 3:23.

Ejemplo de objetivo: Cada semana llevaré a uno de mis hijos a una «cita de diversión», todos los días le diré a cada uno que lo amo y que me siento orgulloso de él o ella, y cada día los tendré en mis oraciones.

Mi objetivo: ______________________________

____

____

Profundizaremos más en la paternidad en el capítulo 5: «Hijos: Convertirme en un papá con un impacto positivo».

Amistades auténticas

En cierta ocasión, la Madre Teresa reflexionó en lo que consideraba el mayor problema que enfrenta el mundo. En su libro *Camino de sencillez*, escribió: «La peor enfermedad que acecha hoy en día al mundo occidental no es la tuberculosis o la lepra; es el hecho de no ser deseado, de que nadie nos ame, ni se preocupe por nosotros. Las enfermedades físicas pueden curarse con medicina, pero el único remedio para la soledad y la desesperación es el amor».[8]

La mayoría de nosotros podríamos nombrar a nuestros seis portadores de féretro, pero ¿tienes un amigo a quien puedas llamar a las dos de la mañana? Serás afortunado en la vida si tienes tres amigos verdaderos. La amistad es trabajo duro. Se necesita tiempo para edificar confianza. Rendir cuentas (un paso más profundo) significa conceder permiso a unas cuantas personas para preguntarte cómo estás *de veras*. Nada te mantendrá más en el sendero correcto.

Versículos para estudiar: Proverbios 27:6, 17; Eclesiastés 4:9-10; Juan 13:34; Gálatas 6:1-2; Filipenses 2:4.

Ejemplo de objetivo: Este año comenzaré un grupo pequeño semanal de hombres, o me comprometeré aún más en el grupo en que ya me encuentro.

Mi objetivo: ____________________________________

____

____

8. Madre Teresa, *A Simple Path* (Nueva York: Ballantine, 1995) p. 79. Publicado en español por Planeta con el título *Camino de sencillez*.

Profundizaremos más en la amistad en el capítulo 6: «Amistades: Cómo encontrar y conservar a amigos piadosos».

A continuación, la tercera de nuestras cinco prioridades.

3. Vocación

La vocación, en el sentido espiritual, es un llamado divino de servir a Dios. Eso incluye trabajar, desde luego, pero también he incluido maneras de mantener una buena salud con el fin de no agotarnos.

Trabajo

No tienes que trabajar setenta horas semanales para tener éxito. En realidad, si trabajas tanto puedes estar bastante seguro de que fallarás en todo lo demás.

La mayoría de las personas pasan más tiempo en el trabajo que en cualquier otra parte. El trabajo no es tan solo una plataforma para hacer ministerio; *es* ministerio. Nuestro trabajo es una vocación sagrada. Haz tu trabajo con excelencia inflexible, como si lo estuvieras haciendo para el Señor Jesús, ¡porque lo estás haciendo para Él! (véase Colosenses 3:23). Y como el teólogo-filósofo Francis Schaeffer declaró: «Si haces bien tu trabajo, tendrás oportunidad de hablar».

Versículos para estudiar: Génesis 1:27-28; 2:4-15; 3:17-19; Colosenses 3:22-24.

Ejemplo de objetivo: Dejaré de pensar en el trabajo como un simple medio para otros fines y comenzaré a buscar valor intrínseco en el trabajo que realizo. El trabajo de mi vida es «servir a los demás».

Mi objetivo: ______________________________

____

____

Profundizaremos más en el trabajo en el capítulo 7: «Trabajo: ¿Cómo debo pensar acerca de mi trabajo?».

Salud, ocio, descanso, recreación

Jesús no dijo: «Venid a mí todos los que estáis trabajados y cargados, ¡y yo os *daré más trabajo!*», sino: «Venid a mí... Y yo os haré descansar» (Mateo 11:28). Si no cuidamos de nosotros mismos, es porque a menudo creemos que no tenemos tiempo. Pero con Dios tienes todo el tiempo que necesitas para hacer todo lo que Dios quiere que hagas.

Nadie puede responsabilizarse de nuestras vidas privadas. La salud incluye plenitud mental, emocional, física y espiritual. La salud es un regalo de Dios, pero somos responsables de crear un equilibrio adecuado mediante descanso, recreación, nutrición y ejercicio.

Por ejemplo, ya que me siento mucho frente a la computadora, me gusta practicar «mantenimiento del templo» haciendo un promedio de una hora diaria de actividad física. Guarda un día de reposo, un día a la semana separada para adorar, descansar, relajarte y pasar tiempo con las personas que más te importan. Hasta los restaurantes Chick-fil-A lo hacen. ¿Sabías que un Chick-fil-A gana más dinero en seis días que un McDonald's en siete?

Versículos para estudiar: Mateo 6:25-34; 11:28; 1 Corintios 3:16-17; 1 Timoteo 4:8.

Ejemplo de objetivo: Este año estudiaré una materia nueva totalmente ajena a mis rutinas normales (p. ej. astronomía, diseño de interiores, navegación a vela), leeré un libro por placer y me ejercitaré tres veces por semana.

Mi objetivo: ______________________________

____

____

A continuación, nuestra cuarta prioridad.

4. Dinero

No hay presión igual a la del flujo de dinero efectivo. Es difícil mantener la cabeza erguida cuando no puedes pagar tus cuentas.

El dinero, y cómo manejarlo, *tiene que* ser una prioridad, lo que tal vez explica por qué Jesús habló tanto de dinero y de lo que este puede comprar. Howard Dayton, uno de los principales expertos en el mundo sobre lo que la Biblia enseña sobre las finanzas, expuso: «La Biblia contiene 2.350 versículos que tienen que ver con el dinero y las posesiones, y el 15% de todo lo que Jesús dijo estaba relacionado con dicho tema».[9] La Biblia puede corregir el error que muchos hombres piensan que el dinero hará lo que no hará, y que Dios no hará lo que sí hará. Ora por una «conversión de la billetera». Sé generoso. Sé un mayordomo. Desarrolla un plan económico que te lleve a la seguridad financiera. Salomón nos enseña: «Tesoro precioso y aceite hay en la casa del sabio» (Proverbios 21:20).

Versículos para estudiar: Mateo 6:24; 2 Corintios 8–9; 1 Timoteo 6:6-10.

Ejemplo de objetivo: Este año diezmaré por fe el 10% y ahorraré el 5%. Me reuniré con un planificador financiero.

Mi objetivo: ____________________________________

____

____

Concluyamos con una mirada preliminar a nuestra quinta prioridad.

5. Ministerio

El Hermano Lorenzo era un humilde laico carmelita del siglo XVII que trabajaba en la cocina de un monasterio y reparaba zapatos. En *La práctica de la presencia de Dios* escribió: «Te aseguro que esta tierna y amorosa mirada de Dios enciende en

---

9. Howard Dayton, correspondencia personal, 26 de mayo de 2018.

forma inconsciente un fuego divino en el alma, que se inflama tan ardientemente con el amor de Dios que uno se ve obligado a realizar actos exteriores para moderarlo».[10] Dwight L. Moody, quizás el más grande evangelista del siglo XIX, expresó: «La recompensa por el servicio es más servicio».[11] Bob Dylan cantó: «No importa quién seas y lo que hagas, siempre tendrás que servir a alguien, ya sea al Diablo o al Señor».[12] Y Jesús oró al Padre: «Como tú me enviaste al mundo, así yo los he enviado al mundo» (Juan 17:18).

Somos enviados a vivir para Cristo. *La propia recompensa por servir es el servicio.* Le pertenecemos a Jesús. Utiliza tus dones espirituales para la gloria de Dios, amando y sirviendo a los demás. Estoy orando en fe porque tu vida marque una diferencia en tu llamado como esposo, padre, proveedor, hombre de iglesia, testigo, siervo y amigo. Descubre tus «dones espirituales» (más de este tema en el próximo capítulo sobre el crecimiento). Todo lo que hacemos puede ser ministerio.

Versículos para estudiar: Mateo 28:18-20; 2 Timoteo 2:2; 1 Pedro 4:8-11.

Ejemplo de objetivo: Este año comprenderé mejor mis dones espirituales y le pediré a mi pastor que me ayude a utilizarlos.

Mi objetivo: ______________________________________

____

____

En el próximo capítulo te daré una guía para descubrir tus dones espirituales. También profundizaremos más en el ministerio en el capítulo 10: «Hablar de mi fe: Mantener conversaciones espirituales auténticas con mis amigos».

---

10. Hermano Lorenzo, *The Practice of the Presence of God* (Nueva York: Doubleday, 1977), p. 96. Publicado en español por Peniel con el título *La práctica de la presencia de Dios*.

11. Citado en William R. Moody, *The Life of D. L. Moody by His Son* (1900; reimpr., Eugene, OR: Wipf and Stock, 2018), p. 319

12. Bob Dylan, «Gotta Serve Somebody», Columbia Records, 20 de agosto de 1979.

AUTOEVALUACIÓN PERSONAL

En una parábola contada por Jesús, un señor confió bolsas de oro a tres siervos. Después de mucho tiempo, el hombre llegó para ajustar cuentas. Dos de los siervos habían sido fieles con los fondos que se les «confiaron». Los dos escucharon: «Bien, buen siervo y fiel; sobre poco has sido fiel, sobre mucho te pondré; entra en el gozo de tu señor» (Mateo 25:21, 23).

Ahora que hemos examinado estas cinco prioridades bíblicas, haz esta autoapreciación para evaluar qué tan «siervo y fiel» has sido hasta el momento. Encierra en un círculo la respuesta que describe mejor lo fiel que has sido para cada una de las cinco prioridades que hemos estado analizando.

Luego, en los espacios en blanco, clasifica tus prioridades en su orden actual de importancia del 1 al 5.

____ **Amar a Dios**

Muy fiel | bastante fiel | algo fiel | nada fiel

____ **Amar a las personas: esposa, hijos, amigos**

Muy fiel | bastante fiel | algo fiel | nada fiel

____ **Vocación: trabajo, descanso, recreación, salud**

Muy fiel | bastante fiel | algo fiel | nada fiel

____ **Dinero**

Muy fiel | bastante fiel | algo fiel | nada fiel

____ **Ministerio**

Muy fiel | bastante fiel | algo fiel | nada fiel

¿Cómo te fue? ¿Viste algo que te sorprendió? Eso sería algo normal. El gurú de la administración Peter Drucker observó que la mayoría de los ejecutivos afirman que gastan su tiempo de cierta manera, pero cuando les pidió que llevaran un diario, pronto descubrieron que gastaban el tiempo en forma muy diferente a la que creían. Por eso te pedí que anotaras las cosas. Como afirmó el filósofo del siglo XVI, Francis Bacon: «La lectura hace al hombre completo; la conversación ágil, y el escribir preciso».[13]

PUNTO DE PARTIDA PARA AJUSTAR TUS PRIORIDADES

Supongamos que decides que te gustaría ajustar o cambiar tus prioridades.

He aquí lo inesperado. No empieces preguntando: «¿Qué prioridades debo tener?».

En vez de eso, pregúntate: «¿Qué quiero… realmente?».

Sugiero esto porque a menudo decimos: «Necesito esto. Necesito aquello. Debo hacer esto o lo otro». Y entonces ¿qué hacemos? Hacemos lo que queremos. Por ejemplo, si no has tomado este enfoque, podrías afirmar: «Debo amar más a Dios», cuando lo que realmente quieres es más de las riquezas y los placeres que esta vida tiene para ofrecer.

¿Por qué es tan importante esta distinción? A principios de mi carrera descubrí que las personas hacen lo que quieren, ¡incluso cuando yo soy quien les pago sus salarios! Por ejemplo, entrevisté a John para que administrara nuestro departamento de contabilidad. Él realmente necesitaba un empleo y me convenció de que esto era algo que podía y quería hacer. Pero a las pocas semanas se hizo evidente que John prefería hacer él mismo el trabajo de contabilidad que dirigir un equipo. No funcionó. Por eso ahora, durante las entrevistas de empleo paso muy poco

13. Citado en Richard Whately, *Bacon's Essays* (Boston: Lee and Shepard, 1868), p. 472.

tiempo explicando lo que necesitamos que el aspirante haga. Paso la mayor parte de mi tiempo tratando de imaginar lo que este quiere hacer. ¿Por qué? Porque sé que, independientemente de lo que necesitemos, una vez instalado el candidato gravitará hacia lo que quiere hacer.

Digamos, por ejemplo, que eres realista y admites que amar a Dios no es lo que más deseas, no realmente. Eso es tremendo, porque ahora puedes hacer la pregunta correcta.

¿Qué quiero decir? Si amar a Dios no es tu prioridad principal, de nada sirve preguntar: «¿Qué debo hacer para amar más a Dios?».

Hacer esa pregunta te llevará a respuestas como: «Debo leer más mi Biblia, tener un tiempo devocional regular, asistir a la iglesia con mayor regularidad, unirme a un estudio bíblico semanal de hombres, servir en un comité de la iglesia, etc.». Ese es un enfoque basado en el rendimiento que no entiende lo que realmente pasa en tu corazón.

La pregunta correcta es: «Bueno, si esta prioridad (p. ej. amar a Dios) no es lo que realmente quiero, ¿cómo cambio?».

Puedes orar: «Señor, no he sido fiel con tal o cual prioridad. No he sido fiel porque en realidad he deseado algo distinto. Confieso con franqueza que mis prioridades han estado confundidas, que no he querido ______ [p. ej., amar a Dios]. Pero *deseo* querer hacerlo».

Dios puede obrar en eso. Su Espíritu ya está en ti, esperando liberar su poder sobre cada problema que enfrentas. Lo único que debes hacer es pedir. Él cambiará los afectos básicos de tu corazón.

He aquí la ironía. Podrías terminar tomando las mismas acciones que en el enfoque basado en rendimiento (p. ej. tener un tiempo devocional regular, asistir más a menudo a la iglesia), pero tu motivación será totalmente distinta.

Si este concepto es nuevo para ti, sugiero que vuelvas a leer está sección hasta que lo captes por completo.

DISPONER DEL TIEMPO SUFICIENTE

Posiblemente el mayor obstáculo para llevar una vida equilibrada es disponer del tiempo suficiente. Nadie puede hacerlo todo. Es necesario tomar decisiones.

He aquí un consejo práctico para invertir tu limitado tiempo y dinero donde más cuenten: *No te entregues a quienes no necesitan absolutamente de ti, a expensas de quienes sí te necesitan.* El triage es la técnica militar de decidir cómo priorizar el tratamiento de soldados heridos cuando una oleada de nuevas bajas satura la capacidad de la unidad médica. Los helicópteros traen tres grupos de soldados heridos:

- los que vivirán si reciben tratamiento inmediato;
- los que vivirán, aunque el tratamiento se retrase;
- los que morirán a pesar de lo que se haga.

Cuando se organiza de esa manera, el orden del tratamiento se vuelve obvio. En forma similar, podemos hacer un poco de triage civil y llegar a una obvia manera de priorizar cuando enfrentamos exigencias de tiempo que compiten entre sí:

- los que no pueden vivir sin ti, o tú sin ellos;
- los que puedes ayudar sin descuidar al primer grupo;
- los que estarán bien con o sin ti.

Según escribí en *El hombre frente al espejo*, prioriza todo lo que haces basándote en quienes van a llorar en tu funeral.

LAS COSAS SE DEBEN HACER BIEN

Por supuesto, las prioridades de largo plazo tienen que reflejarse en cómo priorizamos cada día.

Al principio de mi carrera escuché una idea que he usado desde entonces. Según me contaron, en 1918 Charles M. Schwab, presidente de Bethlehem Steel, estaba preocupado por la ineficiencia en su empresa. Contrató a un consultor de negocios llamado Ivy Lee, quien entrenó a todos los ejecutivos para que escribieran sus principales prioridades para el día, no más de diez tareas. Luego Lee les dijo: «Empiecen con la primera y no se distraigan hasta que la terminen. Después pasen a la segunda y ejecútenla completamente sin distracciones. Entonces pasen a la tercera, a la cuarta y así sucesivamente».

Lee continuó: «Si no terminan la lista, no se preocupen. Digamos que solo completan cuatro puntos en la lista. Al menos sabrán que han realizado las cuatro tareas más importantes. Entonces, cuando hagan su lista del día siguiente, pueden poner los puntos inconclusos de hoy en la parte superior de la lista. De este modo siempre estarán trabajando en sus máximas prioridades».

Schwab pensó que esta era una idea tonta. Pero Lee lo convenció de que la pusiera en práctica, y le dijo: «Envíeme un cheque por lo que crea que valga la idea».

Unos meses después, Schwab envió a Ivy Lee un cheque por $25.000 ($475.000 ajustados por la inflación) y dijo que esta era la idea comercial más fabulosa que había recibido alguna vez.

EL PODER DE UN PLAN «ESPECÍFICO»

Winston quiso reiniciar su anterior carrera inmobiliaria exitosa, así que decidió darle mayor prioridad. Durante varios meses dedicó mucho esfuerzo a una estrategia en redes sociales, pero esto no le produjo resultados con la suficiente rapidez.

El hombre se reencontró con un antiguo mentor, quien le indicó que las redes sociales eran comercialización «especulativa».

—Tienes muchos clientes anteriores muy satisfechos —le aconsejó su mentor—. Siéntate cada día y llama por teléfono a diez de ellos, diles cuánto aprecias sus antiguos negocios, hazles saber que estás buscando nuevos negocios y que, por favor, te hagan saber si podrían brindarte algunas sugerencias. Haz eso, y tu negocio volverá a despegar.

—Lo haré —comentó Winston.

Comenzó de inmediato. Cada día se sentaba y hacía esas diez llamadas. Dos semanas después, las compuertas se abrieron. Los negocios empezaron a llegar por la borda. Entonces llamó a su mentor.

—No lo entiendo —le dijo—. Estoy haciendo lo que me aconsejaste, y mi negocio está reiniciando y despegando. ¡Pero muy pocos de los negocios han venido de alguna de las llamadas telefónicas que he hecho!

—No te dije que tu negocio despegaría por las llamadas telefónicas que estás haciendo —declaró su mentor riendo—. Solo te dije que si hacías fielmente diez llamadas diarias, tu negocio reiniciaría y despegaría. ¡Se corre la voz cuando abres tus puertas!

Cuando le conté esta historia a mi esposa, concluí diciendo:

—¡Ese es el poder de un plan!

—Así es —añadió ella—, el poder de un plan *específico*.

Winston pudo poner algo en marcha dando unos cuantos pasos sencillos en la dirección correcta. Es lo que los psicólogos técnicamente denominan «activación conductual», porque incluye su propio refuerzo positivo y puede generar un efecto de bola de nieve. Otro ejemplo sería manifestar: «Voy a caminar hasta el final de la cuadra», y luego: «Oh, eso fue fácil. La próxima vez caminaré durante veinte minutos».

Ese es el poder de las prioridades, y ese es el poder de un plan específico.

LLAMADO A LA ACCIÓN

El llamado a la acción para este capítulo es que dediques dos o tres horas a un retiro personal y profundices de veras en cuáles quieres que sean tus prioridades y objetivos. ¡Espero que aceptes ese desafío! Por ahora, he aquí una oración que puedes hacer para concluir este capítulo:

> *Padre celestial, te agradezco mucho que no nos hayas dejado solos para descubrir cómo ser fieles con todo lo que nos has confiado. Nos has dado una hoja de ruta en las Escrituras y también muchas ideas prácticas para poder ser deliberados. Oramos, Padre, para que nos ayudes a cada uno de nosotros a ser esos hombres fieles y confiables. Te suplicamos que nos ayudes a tomar y aplicar estas ideas para encontrar tu voluntad, y no tan solo hacer lo que deseamos. Concédenos el deseo y el poder para ser hallados fieles. En el nombre de Jesús. Amén.*

Preguntas de reflexión y para grupos pequeños

1. La gran idea para este capítulo es: «Tienes todo el tiempo que necesitas para hacer todo lo que Dios quiere que hagas». ¿Sientes que tienes todo el tiempo que necesitas, o te encuentras estresado? Explica tu respuesta.

2. ¿Cuáles dijo Jesús en Mateo 22:37-40 que son nuestras prioridades más importantes? ¿Qué quiso decir Agustín cuando manifestó, parafraseando: «Ama a Dios, y haz lo que quieras»?

3. ¿Cuáles han sido tus tres, cuatro o cinco prioridades máximas en tu vida (cuáles han sido de veras, no simplemente lo que se supone que debes decir por ser cristiano)? ¿Cuáles te gustaría que fueran tus prioridades en el futuro? Dedica algún tiempo a repasar las cinco prioridades en este capítulo y escribe un objetivo para cada una de las áreas tratadas. Si es posible, participa tu análisis con un grupo pequeño de hombres que estudien juntos el libro.

TRES

CRECIMIENTO

Ser un hombre más centrado en el reino

No os conforméis a este siglo,
sino transformaos por medio de la renovación
de vuestro entendimiento, para que
comprobéis cuál sea la buena voluntad de Dios,
agradable y perfecta.

PABLO A LOS ROMANOS, Romanos 12:2

Lectura bíblica, un grupo pequeño y servir a alguien más solucionará el 90% de tus problemas.

Los viernes por la mañana enseño a hombres en el estudio bíblico *Man in the Mirror*. Después del mensaje, los hombres se sientan alrededor de mesas y analizan el tema del día. Mientras desentrañan la lección, me reúno con los que llegan por primera vez y dedico unos minutos a explicarles la situación.

Luego pido a cada visitante que dedique unos minutos a responder la pregunta: «¿Dónde te encuentras hoy día en tu viaje espiritual?». Las respuestas que brindan se dividen en tres categorías.

Al primer tipo de hombre lo podríamos llamar *buscador o indagador*, un hombre que en realidad aún no conoce a Dios de una manera personal a través de su Hijo, Jesús, pero que por cualquier razón se siente atraído a investigar la fe cristiana.

Al segundo grupo podríamos llamarlo *cristiano nuevo*, alguien que hace poco hizo profesión de fe y ahora quiere averiguar: «¿A qué me acabo de inscribir?».

Al tercer tipo de individuo lo llamaremos *cristiano veterano*, un varón que ha conocido a Dios por un tiempo, quizás varios años, pero que siente la necesidad de activarse o reintegrarse:

- Quizás participó antes en un estudio bíblico, pero no ha estado en uno por un tiempo.
- Podría estar buscando un lugar en que pueda forjar algunas amistades con varones de ideas afines.
- O tal vez sea un hombre que hizo profesión de fe cuando era joven, pero que ha pasado los últimos cinco, diez, quince o más años viviendo según sus propias ideas. Su vida no ha resultado como la había planeado. Se ha dado

cuenta, o está empezando a comprender, que debe ser parte de, o volver a, un cristianismo más bíblico.

Por diferentes que sean, lo que todos estos hombres tienen en común es un profundo anhelo de saber más acerca de Dios. En realidad, el crecimiento espiritual fue el tema número uno citado por los veinticuatro hombres que colaboraron con el guion de *El hombre cristiano*.

OBJETIVO DEL CRECIMIENTO ESPIRITUAL

Tal vez hayas oído a alguien decir, y quizás tú mismo lo hayas dicho: «Yo sabía *acerca de Dios*, pero no *conocía a Dios*».

Sin embargo, también es cierto que muchos hombres pueden expresar, y quizás tú también: «*Conozco a Dios*, pero no sé nada *acerca de Dios*». Sí, ha habido una profesión de fe, pero te sientes como un niño atrapado en la escuela primaria. Crees en el evangelio, conoces a Dios. Pero anhelas, y necesitas, dar el siguiente paso.

¿Cuál es el siguiente paso correcto? Cuando Jesús nos dio sus últimas, o casi últimas, palabras, pronunció el discurso más impactante jamás registrado en la historia. Por este breve discurso se han movilizado más millones de personas y miles de millones de dólares que por cualquier otro, y no hay un segundo discurso que se le acerque:

> Toda potestad me es dada en el cielo y en la tierra. Por tanto, id, y haced discípulos a todas las naciones, bautizándolos en el nombre del Padre, y del Hijo, y del Espíritu Santo; enseñándoles que guarden todas las cosas que os he mandado; y he aquí yo estoy con vosotros todos los días, hasta el fin del mundo.
>
> *Mateo 28:18-20*

A este muy conocido texto lo llamamos la Gran Comisión. Se utiliza «gran» porque *convertirse en discípulo* es la manera «normal» que Dios ha ordenado para liberar el poder de su evangelio sobre tus problemas y oportunidades.

El objetivo del crecimiento espiritual es entonces llegar a ser un discípulo. Convertirse en discípulo es el más exaltado honor al que puedes aspirar.

Esto nos lleva a preguntar: ¿Qué es un discípulo, y cómo te conviertes en uno?

¿Qué es un discípulo, y cómo te conviertes en uno?

La expresión griega para discípulo es *mathetes,* que literalmente se traduce «alumno» o «aprendiz». Cuando se relaciona con Jesús, el término *discípulo* ha llegado a significar alguien que sigue y obedece a la persona y las enseñanzas de Jesús.

He aquí una manera bíblica y práctica de pensar acerca de lo que significa ser un discípulo. Es alguien que:

- está *llamado a* vivir «en» Cristo (*conocer a Dios,* la salvación);
- está *equipado* para vivir «como» Cristo (saber *acerca de Dios,* crecimiento espiritual);
- es *enviado* a vivir «para» Cristo (vivir poderosamente según las prioridades bíblicas que se establecieron en el capítulo 2).

Profundicemos en estos tres aspectos.

Llamado a vivir «en Cristo»

En teología, la frase «conocer a Dios» pertenece a la expresión griega *kerygma,* que significa «proclamación del evangelio». Es saber lo suficiente sobre el nacimiento, la vida, la muerte y la resurrección de Jesús a fin de creer las buenas nuevas por medio de la fe y el arrepentimiento. El primer paso para convertirse en discípulo es creer la *kerygma*. Pero como señaló el escritor de Hebreos, el llamado a vivir en Cristo equivale a «enseñanzas elementales»:

> Por tanto, dejando ya los rudimentos de la doctrina de Cristo, vamos adelante a la perfección; no echando otra vez el fundamento del arrepentimiento de obras muertas, de la fe en Dios.
>
> *Hebreos 6:1*

En algún momento de su viaje, todo cristiano quiere avanzar más allá de las enseñanzas elementales. Siente una punzada en el corazón para crecer en madurez, amor, conocimiento, sabiduría, humildad y poder. Anhela experimentar y exhibir todo el fruto del Espíritu Santo: su amor, gozo, paz, paciencia, benignidad, bondad, fe, mansedumbre y templanza (Gálatas 5:22-23). Ya no puede ser feliz solo *conociendo a Dios*. También se siente obligado a saber *acerca de Dios*.

Equipado para vivir «como Cristo»

La parte «conocer a Dios» de la teología pertenece a la expresión griega *didajé*, o «las enseñanzas». Lo que muchos hombres realmente expresan es: «He puesto mi fe en Cristo. Lo *conozco*. Pero ahora quiero (más bien, *necesito*) saber más *acerca de* Él. Deseo convertirme en alguien más orientado en el reino».

Los hombres necesitamos desesperadamente «las enseñanzas». Estas no solo nos hablan de lo que queremos saber sobre Dios, sino que también nos brindan sabiduría y guía para nuestros matrimonios, familias, amistades, trabajo, sexualidad, cultura y ministerios personales, los siete temas que ocupan los capítulos restantes de este libro, y para cualquier otro tema.

Ser cristiano y *no* ser discipulado en «las enseñanzas» es como el individuo que se une al ejército y recibe un rifle que nunca aprende a limpiar ni disparar. Alguien así no será de mucha utilidad para sí mismo o para quienes estén a su alrededor el día de la batalla.

Evangelización sin discipulado es algo cruel.

Enviado a vivir «para Cristo»

A medida que el individuo se llena finalmente hasta rebosar en su relación personal con Jesús, llegará a un punto en que sentirá que no solo tiene suficiente de Jesús para sí mismo, sino también un «exceso» que puede participar a los demás. Un espíritu de gratitud lo impulsa de repente a hacer todo lo bueno que siempre ha querido hacer, pero para lo cual antes le faltaba poder.

El joven Dwight L. Moody, quien se convirtió en uno de los cristianos más famosos de finales del siglo XIX, fue uno de esos varones. Un día escuchó: «El mundo aún tiene que ver lo que Dios hará con, por, a través de, en y por medio del hombre que esté total y completamente consagrado a Él».

Moody se dijo: «Él afirmó que un hombre... no habló de alguien extraordinario, ni de un individuo ilustrado, ni rico, ni sabio, ni elocuente o inteligente", sino simplemente de "un hombre". Yo soy un hombre, y depende del hombre mismo que haga o no esa consagración total y plena. Haré todo lo posible por ser ese hombre».[1]

Abrumado por su creciente conocimiento y experiencia del amor, la gracia y la misericordia de Cristo (su discipulado), ¡Moody se sintió impulsado a vivir hasta las últimas consecuencias para Jesús!

Se convirtió en el héroe de su historia. Y eso mismo puedes hacer tú al decidirte por «esa consagración total y plena». ¿Cuáles son los pasos?

---

1. William R. Moody, *The Life of D. L. Moody by His Son* (1900; reimpr., Eugene, OR: Wipf and Stock, 2018), p. 134.

DISCIPLINAS ESPIRITUALES: EL PORTAL PARA EL CRECIMIENTO ESPIRITUAL

Jesús quiere llevar a todos los seres humanos (tú y yo, nuestros hijos, nuestras familias, todos los que estén dispuestos) a la madurez plena. Se trata una cuestión evidente, razón por la cual

> Cristo dio los siguientes dones a la iglesia: los apóstoles, los profetas, los evangelistas, y los pastores y maestros. *Ellos tienen la responsabilidad de **preparar** al pueblo de Dios para que lleve a cabo la obra de Dios y edifique la iglesia, es decir, el cuerpo de Cristo. Ese proceso continuará hasta que todos alcancemos tal unidad en nuestra fe y **conocimiento** del Hijo de Dios que seamos maduros en el Señor, es decir, hasta que lleguemos a la plena y completa medida de Cristo* [*llamados* a vivir «en» Cristo].
>
> Entonces ya no seremos inmaduros como los niños. No seremos arrastrados de un lado a otro ni empujados por cualquier corriente de nuevas enseñanzas. No nos dejaremos llevar por personas que intenten engañarnos con mentiras tan hábiles que parezcan la verdad. En cambio, hablaremos la verdad con amor y así ***creceremos** en todo sentido hasta parecernos más y más a Cristo, quien es la cabeza de su cuerpo, que es la iglesia* [*equipados* para vivir «como» Cristo].
>
> Él hace que *todo el cuerpo encaje perfectamente. Y cada parte, al cumplir con su función específica, ayuda a que las demás **se desarrollen*** [*enviados* a vivir «para» Cristo].
>
> *Efesios 4:11-16*, NTV

Gran parte del crecimiento descrito en este magnífico panorama sobre cómo hacer discípulos maduros y fructíferos se consigue por medio de *disciplinas espirituales*.

Las disciplinas espirituales son simplemente hábitos regulares de hombres (y mujeres también, desde luego, ¡pero este es un libro para hombres!) que están siendo llamados, equipados y enviados a vivir en, como y para Jesús. En mi libro *Fortalece tu caminar con Cristo: 12 disciplinas espirituales para hombres*, expliqué cómo Dios se revela a sí mismo en cuatro tipos de disciplinas espirituales:[2]

- sus *obras* (en la creación, o revelación «general»);
- su Palabra (en las Escrituras, o revelación «especial»);
- el *«susurro»* del Espíritu Santo (oración, adoración, día de reposo, compañerismo, consejo, ayuno y guerra espiritual);
- el *testimonio* de los creyentes (mayordomía, servicio y evangelización).

También hay otras clases de disciplinas espirituales, como meditación, sacrificio, etc. Básicamente, toda práctica regular que te lleve a permanecer en Cristo y Él en ti, a amar a otros como Cristo te ama, o a llevar mucho fruto, es una disciplina de hacer discípulos digna de tu consideración.

No obstante, ya que durante mucho tiempo he estado ayudando a hombres a «crecer», tengo una sugerencia. Una de las preguntas en mi hoja de trabajo de preparación para el estudio bíblico semanal es: «¿Qué idea, comprendida a plenitud y creída de veras, podría cambiarlo todo?».

Cuando se trata de crecimiento espiritual, me gustaría condensar todos los años que he pasado enseñando, en esta única idea:

Lectura bíblica, un grupo pequeño y servir a alguien más solucionará el 90% de tus problemas.

Profundizaremos más, pero después de décadas de trabajar con hombres, si estoy seguro de algo, es que si un hombre realiza bien

2. Patrick Morley, *Fortalece tu caminar con Cristo: 12 disciplinas espirituales para hombres* (Grand Rapids: Portavoz, 2019).

estas tres disciplinas (además de orar con, y por, su esposa si está casado, ¡pero ese es el próximo capítulo!) todo lo demás encajará.

¿Dónde te encuentras hoy día en tu viaje espiritual? Quizás puedas identificarte con uno de los tres tipos de hombres mencionados al principio de este capítulo. Tal vez te puedas identificar con el señor Moody.

Dondequiera que estés en tu viaje, si has llegado hasta aquí es porque (1) ya estás creciendo, (2) quieres crecer o (3) *anhelas* querer crecer.

Exploremos ahora cómo la lectura bíblica, un grupo pequeño y servir a alguien más puede ayudarte a tener una mentalidad más enfocada en el reino, a solucionar tus problemas y a ayudarte a ser el héroe de tu historia.

Lectura bíblica

Durante una llamada telefónica, David declaró: «Ya no estoy seguro de lo que creo». Tomé eso como una señal y lo invité a almorzar. Mientras almorzábamos David me acribillaba, literalmente, con docenas de preguntas. Una vez que empezó a hablar parecía el traqueteo de una ametralladora, una pregunta tras otra, sin pausas, sin esperar respuestas. Él necesitaba desahogarse.

Todas las preguntas de David son las mismas que nos han preocupado a ti, a mí y a cualquier otra persona que haya estado remotamente familiarizada con la Biblia. Las conoces bien:

- ¿Cómo puede hablar una serpiente?
- ¿Cómo pueden meterse todos esos animales en un barco?
- ¿Qué clase de Dios le diría a una persona que matara a su propio hijo (Abraham e Isaac)?
- ¿Cómo puede un hombre ser tragado por un pez y luego vivir durante tres días?
- ¿Cómo puede una virgen tener un bebé?

- ¿Cómo puede alguien caminar sobre el agua?
- Y docenas más como estas.

Cuando finalmente amainó el torrente verbal de David, su alma quedó expuesta con valentía y vulnerabilidad asombrosas. Sentí su dolor. Fue un momento sagrado. Me di cuenta de que él auténticamente esperaba que yo tuviera una respuesta para estos misterios que llevan siglos sin responderse. Pero no le di ese gusto.

—No tengo respuestas para ninguna de esas preguntas —tuve que decir en cambio—. Son las mismas inquietudes que también me gustaría que me respondieran.

Pero también pude seguir diciéndole:

—He leído la Biblia de principio a fin durante treinta años seguidos. Un año decidí poner las iniciales «AM» de «abunda misterio» al final de cada página en que encontré algo que no comprendía. David, ¿en qué porcentaje de las páginas crees que escribí «AM» ese año?

—No lo sé —respondió después que, como ingeniero que es, cavilara por un momento—. ¿Qué? ¿Tal vez el 30%?

—¿Qué tal en todas ellas? —exclamé sonriendo—. Cien por ciento. ¡En una sola página había escrito «AM» siete veces!

La primera respuesta de David fue de asombro y sorpresa, pero luego de alivio, sobre todo porque sabía que yo tenía un título de seminarista.

—Esto es lo que me gustaría que vieras —continué entonces—. No entiendo el 5% de la Biblia, pero el 95% de ella lo entiendo muy bien. No voy a permitir que lo poco que me desconcierta me estropee o arruine el 95% de la Biblia que me cuenta una historia clara, concisa, coherente, fácil de entender y creíble.

Hice una pausa para crear expectativa.

—La Biblia me narra que tenemos un Padre amoroso que va incansablemente tras sus hijos descarriados hasta que nos

A continuación, utiliza estos cuatro pasos para ayudarte a orar.

Paso 1: Adoración. Adora a Dios por sus atributos (su amor, santidad, poder, majestad, belleza, benignidad, misericordia, gracia y bondad).

Paso 2: Confesión. Confiesa tu condición a Dios y pídele que perdone todos tus pecados conocidos y ocultos, y no tengas «cuentas pendientes» con Él.

Paso 3: Gratitud. Expresa gratitud a Dios por sus bendiciones y misericordias, en especial por las cuestiones que en general damos por sentado, como un buen descanso nocturno, provisión diaria, salud, familia, etc.

Paso 4: Suplicación. Nada es demasiado grande o insignificante para llevar ante Dios en oración.

Acepta el reto: Lee la Biblia en un año

Un año, desafié a los hombres que asisten a nuestro estudio bíblico los viernes por la mañana, diciéndoles: «¡Leamos juntos la Biblia el próximo año! Nos tomará unos quince o veinte minutos diarios».

¡Más de setenta hombres aceptaron el reto! Compramos varios ejemplares de *La Biblia en un año* y lo pusimos en acción. Durante el año les pregunté de vez en cuando: «¿Cómo les está yendo?». No solo que la mayoría de los hombres persistían, sino que estaban emocionados por cómo Dios se encontraba con ellos, les enseñaba y los retaba.

Michael entró una mañana a nuestro estudio bíblico con el rostro radiante y me saludó calurosamente. En los cinco o seis años que había conocido a Michael, esta era la primera vez que él hacía esto.

—¿Ha cambiado algo en tu vida? —le pregunté.

—¿De qué estás hablando? —contestó sorprendido.

—Bueno, pareces diferente —manifesté.

Intercambiamos cumplidos, y luego se dirigió al café y las donas.

Dos semanas después volvió a suceder. Michael entró al estudio bíblico y me saludó en forma sorprendentemente alegre.

—Bien —expresé—, hay algo diferente en ti.

—No sé por qué dices eso —respondió Michael.

—¡Porque es verdad! ¡Y me gustaría saber un poco más! —exclamé, y entonces le pregunté—. ¿Podríamos desayunar después de la reunión?

—Seguro —exclamó en forma sospechosa.

Durante el desayuno, Michael me contó más acerca de su vida anterior. Luego lo acribillé con preguntas sobre su vida actual. No se evidenció nada que explicara su cambio de actitud.

Cuando estábamos a punto de irnos, Michael mencionó un versículo que había leído en *La Biblia en un año*.

—¿Estás haciendo el programa de lectura bíblica? —le pregunté.

—Sí. He estado leyendo la Biblia todos los días. Y lo cumplo a diario —manifestó.

Sin que los demás hombres en su mesa lo supieran, Michael había aceptado el reto de leer toda la Biblia. ¡Y se mantenía actualizado!

—¡Eso es! —expresé—. ¡Esa es la correlación! Por primera vez has estado leyendo personalmente toda la Palabra de Dios, tu vida está cambiando, y ni siquiera te das cuenta. ¡Esto es increíble!

Michael estaba siendo transformado por la poderosa Palabra de Dios. Se sentía animado, y la experiencia reforzó su deseo de conocer mejor a Dios.

Si te gustaría aceptar el reto, puedes comprar *La Biblia en un año*, que incluye lecturas diarias del Antiguo Testamento, el Nuevo Testamento, los Salmos y Proverbios. Mejor aún, compra una reserva de varias de estas Biblias y haz que tu grupo pequeño acepte el reto contigo.

O puedes descargar de la Internet el plan de lectura de *La Biblia en un año* y buscar los textos en tu Biblia actual (www.oneyearbibleonline.com). El plan en línea está disponible en numerosos idiomas y docenas de traducciones.

Puedes comenzar en la fecha de hoy. No tienes que esperar hasta el 1 de enero.

Fija una rutina

¿Cuál es la mejor hora del día, el lugar, la frecuencia y la cantidad de tiempo para que leas la Biblia? El mejor momento del día es cuando estás fresco. Mi momento «fresco» para leer es temprano en la mañana. Me preparo una taza de café y me acomodo en mi butaca para un tiempo sin prisa de oración y lectura de la Palabra de Dios. Si se ajusta a tu personalidad, es buena idea tener un horario fijo.

La lectura bíblica diaria tiene sentido por las mismas razones por las que recargamos nuestros celulares. Por supuesto, surgen situaciones: una discusión con tu esposa, una alarma que no se apaga, reuniones a primera hora o niños irritados. En promedio leo unos cinco días a la semana.

El tiempo que dediques a la lectura es una cuestión de preferencia personal, pero he tenido hombres que me dicen que apartan cinco, quince, treinta minutos o una hora, y algunos incluso más tiempo.

Ora cuando leas

Es buena idea orar mientras lees. El modo en que oro se relaciona con el principio rector que establecí para mi vida personal: *Me comprometo a llevar una vida de devoción y estudio de Dios, y después hablar, enseñar y escribir sobre lo que aprendo.*

Una vida de devoción es *comunión* (amar a Dios) y una vida de estudio es *discipulado* (conocer a Dios). En otras palabras, deseo que amar y conocer a Dios sea mi mayor y mejor pensamiento en todo momento. Así que cuando empiezo mis tiempos de quietud le pido a Dios que se reúna y permanezca en nosotros, mientras nos reunimos y permanecemos en Él: sus muy amados hijos e hijas, discípulos, amigos, siervos, templos, vasijas y alumnos.

Oswald Chambers sugiere: «Si no aprendes a abrir la puerta de tu vida de par en par, para que Dios entre desde el instante en que te despiertas, trabajarás en un nivel equivocado todo el día. Pero si abres bien la puerta de tu vida y oras a tu Padre que está en secreto, todo lo que hagas en público tendrá el sello de la presencia de Dios».[3]

Qué hacer cuando tu mente divaga

¿Qué puedes hacer cuando tu mente divaga? A mí me ocurre todo el tiempo. Y para ser sincero, me gusta. Hay cuatro posibles causas cuando mi mente divaga: el mundo, la carne, el diablo o el Espíritu.

Cuando tu mente divaga, debes averiguar qué voz es la que se manifiesta. Si se trata del mundo, la carne o el diablo, entonces por supuesto que desearás hacerla volver.

Sin embargo, si leo un pasaje de las Escrituras y mi mente se enfoca en una relación que no está bien, me siento culpable de un pecado o inducido a realizar una buena obra, entonces es el Espíritu quien habla, y felizmente dejo que mi mente se dirija hacia allí. Cuando leo una frase u oración que me impacta, me gusta permanecer allí un rato y dejar que la Palabra penetre en mi alma.

¿Qué pasa si tu mente divaga porque te sientes cansado y agotado? Cuando me pasa eso, intento leer en voz alta. Si aún no puedo concentrarme, ¡simplemente me detengo y espero leer otro día!

---

3. Oswald Chambers, *My Utmost for His Highest* (1935; reimpr., Uhrichsville, OH: Barbour, 1963), 23 de agosto, p. 173. Publicado en español por Editorial CLC con el título *En pos de lo supremo*.

Qué hacer cuando te estancas

¿Qué puedes hacer si te retrasas en un plan de lectura? Si eres como la mayoría de nosotros, en algún momento puedes

- atascarte en Levítico y Números (se parecen al manual técnico de un software. Por fortuna vivimos con una versión más reciente del software. Gracias a Dios por nuestra actualización gratuita de Jesús).
- estar leyendo y releyendo la misma frase una y otra vez.
- encontrarte soñando despierto con tu equipo favorito.
- quedarte dormido al leer los detalles de la construcción del tabernáculo.
- preguntarte: *¿Qué pasa con toda esa sangre rociada?*

Es fácil atrasarse en las lecturas diarias.

- finales de enero: tres días de retraso, te sientes culpable, pero planeas recuperarlos.
- finales de febrero: una semana de retraso, comienzas a agobiarte, planeas ponerte al día de un tirón.
- finales de marzo: diez días de retraso, piensas: *Esto no está funcionando*.
- finales de abril: emergencia laboral, tres semanas de retraso, estás a punto de desistir.
- entonces, una vez que te has retrasado un mes, sientes la tentación de abandonar.

Cada vez que empieces a retrasarte, date un «pase gratis para salir de la cárcel». Simplemente comienza en ese momento la lectura diaria y olvídate de los días que no leíste. Puedes utilizar otra vez este «pase gratis para salir de la cárcel» en cualquier momento durante el año. Esto es gracia.

Si aún te resulta difícil mantenerte al día, aquí tienes algunas ideas. En primer lugar, lee únicamente los días que puedas hacerlo, y olvídate de los demás. O lee una sección más pequeña. Por ejemplo, este año lee solo el Nuevo Testamento (otro año, si quieres, puedes añadir el Antiguo Testamento). El Nuevo Testamento tiene 260 capítulos, es decir, un capítulo diario durante cinco días a la semana.

¿Por qué sugiero estos cortes? Dios preferiría pasar un poco de tiempo contigo en su Palabra a nada de tiempo.

Ahora volvamos a los grupos pequeños.

Un grupo pequeño

Alguien le preguntó en cierta ocasión a Billy Graham, el predicador más reverenciado en los Estados Unidos durante más de medio siglo: «Si usted fuera pastor de una gran iglesia en una ciudad importante, ¿cuál sería su plan de acción?».

Me habría imaginado que el señor Graham bosquejaría un plan de evangelización masiva para tomar la ciudad por asalto. En lugar de eso, en el libro *Plan supremo de evangelización*, el autor señala que Graham contestó: «Creo que una de las primeras cosas que se debería hacer es conseguirse un pequeño grupo de ocho, diez, o doce hombres que se reunieran con un líder todas las semanas y pagaran el precio. Les costaría algo en función de tiempo y esfuerzo. Compartir [la misión] con ellos por el tiempo que sea necesario. Entonces se tendría a doce ministros entre los laicos quienes a su vez podrían tomar otros, diez o doce más para enseñarles».[4]

No se trata de una mala idea. ¡Sin duda le funcionó a Jesús! Un grupo pequeño fue evidentemente su modelo principal de discipulado. Él usó un grupo pequeño como su escenario para el

---

4. Robert Coleman, *Plan supremo de evangelización*, 25.ª edición (El Paso, TX: Casa Bautista de Publicaciones, 1996), pp. 26-27.

crecimiento espiritual. Jesús puso en marcha su plan divino para redimir a la humanidad haciendo discípulos en un solo grupo pequeño. Impresionante. La pregunta, desde luego, es: ¿Por qué haría eso? ¿Por qué un grupo pequeño?

¿Por qué los grupos pequeños?

Jesús sabía que los cambios más significativos se dan en el contexto de las relaciones en el grupo pequeño: hombres que afianzan a hombres con la verdad, que se animan mutuamente para la batalla diaria, y que se apoyan unos a otros para el largo recorrido.

Los grupos pequeños cobraron impulso en el siglo XVII, cuando Philip Jacob Spener (1635-1705), el padre del pietismo alemán, inició una serie de reformas. Un elemento central de su método eran los *collegia pietatis:* «grupos pequeños» de estudio bíblico, oración e intimidad con los que él esperaba renovar una iglesia anquilosada y árida. Su plan funcionó.

Incluso los secularistas comprenden el valor de los grupos pequeños. La antropóloga Margaret Mead declaró: «Nunca dudes que un pequeño grupo de personas comprometidas pueda cambiar el mundo. De hecho es lo único que lo ha logrado».[5]

Hoy día, aunque la mayoría de los hombres creen en Dios, todos los estudios que he visto muestran que menos del 10% de ellos participan en alguna clase de discipulado continuo.

Eso es trágico, porque la misión principal del servicio cristiano es hacer discípulos. Pero a menudo estamos tan ocupados tratando síntomas que exigen atención inmediata (problemas matrimoniales, hijos desobedientes, chismes, deficiencias morales, apatía, calumnias, etc.) que no tratamos la enfermedad subyacente. Es como tratar de curar el cáncer con morfina. Por

---

5. Citado en Donald Keys, *Earth at Omega: Passage to Planetization* (Boston: Branden, 1982), p. 79.

supuesto, la morfina elimina el dolor por un tiempo, pero no hace nada para curar al paciente.

Dios desea curarnos, no solo anestesiar nuestro dolor. La cura es Jesucristo, y los grupos pequeños son vitales para su plan. Jesús inició un grupo pequeño con el fin de llevar a sus primeros discípulos a la madurez total. *Ningún otro método ha demostrado ser ni remotamente tan eficaz para cambiar vidas humanas.*

¿Qué puede hacer por ti un grupo pequeño que no puedas conseguir de ninguna otra manera?

¿Qué puedes obtener en un grupo pequeño que no puedas conseguir de ninguna otra manera?

Después de mi esposa y la Biblia, Dios ha utilizado más los grupos pequeños que cualquier otra cosa para cambiar mi vida. He aquí mi currículo de mis grupos pequeños:

- dos grupos semanales de parejas en casa, cada uno duró unos pocos años;
- cuatro reuniones semanales individuales con diferentes hombres (que suman más de setenta años de reuniones semanales);
- un grupo mensual de líderes de nuestro estudio bíblico de los viernes por la mañana (dejamos de reunirnos durante unos seis años y perdimos algo, por lo que empezamos de nuevo).

Gran cantidad (tal vez la mayor parte) del cuidado, la participación, el aprendizaje, el crecimiento, el estímulo, la responsabilidad, la oración y la amistad que he experimentado han ocurrido en estos grupos pequeños.

Lo que hace especiales a los grupos pequeños es que el tamaño es manejable. Sientes que puedes llegar a conocer de veras a los demás. Y, lo que es igual de importante, sientes que sus integrantes pueden llegar a conocerte bastante bien y que *en realidad* te comprenden y se preocupan *en forma auténtica* por lo que sucede en tu vida.

¿Qué tipo de grupo pequeño es adecuado para ti? Quieres formar parte de un grupo que te haga sentir que estás llegando a una familia que se preocupa realmente por ti, y no a un trabajo donde te van a despedir si no rindes. La cristiandad debería sentirse como un hogar, no como un trabajo.

¿Qué debería hacer un grupo pequeño? Hay muchos tipos de estructuras de grupos pequeños: estudios bíblicos, estudios bíblicos en videos, estudios de libros, grupos de oración, confraternidades, grupos de recuperación, proyectos de servicio, equipos de misión, grupos de rendición de cuentas y muchas combinaciones de estos. Algunos grupos tienen un tiempo establecido, como ocho semanas o un año. Otros no tienen tiempo de terminación. Algunos grupos planean discipular a hombres y multiplicarse, otros no. No hay una manera «correcta» de reunirse como grupo pequeño.

Dicho esto, a ciertos grupos les va mejor porque «disfrutan juntos la vida». Participan *de veras* en lo que pasa; mantienen a propósito el grupo pequeño para tener tiempo de conocerse en profundidad entre sus integrantes; estudian la Biblia juntos; oran unos por otros, se rinden cuentas mutuamente, y se controlan cuando hacerlo es lo correcto. Lo llamamos «discipulado de vida a vida».

¿Parece atractivo? ¡Espero que sí! Eso es todo lo que diremos por ahora, pero ¿qué pasa si no participas en un grupo pequeño? ¿Te gustaría iniciar uno? En el capítulo sobre las amistades te daré una guía paso a paso sobre «Cómo empezar un grupo pequeño semanal para hombres».

Además de la lectura bíblica y un grupo pequeño, lo tercero que te ayudará a resolver el 90% de tus problemas es servir a alguien más. Te divertirá saber cómo aprendí esta lección.

Servir a alguien más

Al principio de mi viaje espiritual, me hallaba decaído por algo y andaba por la casa desanimado. Finalmente, un día mi esposa me dijo: «¿Sabes cuál es tu problema?».

Qué bien —pensé—. *¿Cuál es mi problema?*

Antes que pudiera decirle que no me importaba cuál era mi problema, y que no quería hablar de eso, ella siguió diciendo: «Tu problema es la autocompasión. Estás demasiado enfocado en tus propios problemas. Solo necesitas salir de la casa y ayudar a alguien más que tenga un problema mucho más grande».

¡Cataplum!

Así que eso es lo que hice. Fui a un ministerio urbano en mi ciudad y me ofrecí a ayudar. Cuando salí después de esa primera visita, la nube se había evaporado.

Dios quiere que todo varón cristiano tenga un ministerio personal. «Porque somos hechura suya, creados en Cristo Jesús para buenas obras, las cuales Dios preparó de antemano para que anduviésemos en ellas» (Efesios 2:10).

Servir a alguien más es una de las principales características distintivas de un discípulo. «En esto es glorificado mi Padre, en que llevéis mucho fruto, y seáis así mis discípulos» (Juan 15:8).

Ser consciente de tus propios dones espirituales (1) te ayudará a entender cómo y dónde encajas en el cuerpo de Cristo, (2) te ayudará a establecer prioridades para el servicio, y (3) te dará dirección para desarrollar un ministerio personal. Básicamente deseas responder la pregunta: «¿Qué hace que mi corazón palpite más rápido y se me dibuje una sonrisa en el rostro?».

HERRAMIENTA DE EVALUACIÓN DE LOS DONES ESPIRITUALES

Sería absurdo que te convirtieras en vendedor cuando preferirías arreglar computadoras. De la misma forma en que buscamos un empleo vocacional basándonos en intereses, aptitudes y habilidades motivadoras, buscamos el servicio espiritual basándonos en los dones del Espíritu Santo que hemos recibido de Dios.

Estos dones no solo son para el trabajo de la iglesia. Se pueden utilizar en *cualquier ministerio*, incluso en la iglesia, el hogar y el trabajo. Aunque los teólogos y maestros a veces difieren en cómo clasificar y nombrar con precisión estos dones, a continuación se detallan los *dones de servicio* y los *dones de expresión* mencionados específicamente en las Escrituras:

Dones de servicio

Los dones de servicio son los ligamentos y el tejido muscular que mantienen unida a la iglesia de Jesucristo. Los dones de servicio a menudo resultan ser de bajo perfil, detrás de bastidores. Incluyen mostrar misericordia, servicio (o ayuda), hospitalidad, generosidad, administración, liderazgo, fe y discernimiento.

Las personas que sirven están ansiosas porque Dios reciba el mérito por todo lo bueno que venga. «Cuando alguno sirva, hágalo según el poder que Dios le haya dado, para que Dios sea glorificado en todo por medio de Jesucristo» (1 Pedro 4:11, RVC). Los siguientes ejemplos (junto con listas de personas que hablan y expresan significado) están adaptadas de las obras de Carl Smith, Kenneth O. Gangel y Leslie B. Flynn.[6]

6. Carl Smith, correspondencia personal; Kenneth O. Gangel, *Unwrap Your Spiritual Gifts* (Wheaton, IL: Victor, 1883); Leslie B. Flynn, *19 Gifts of the Spirit* (Wheaton, IL: Victor, 1974).

____ ***Misericordia:*** Habilidad especial para mostrar piedad a los santos que sufren. Comidas para los enfermos, visitas a hospitales, llamadas telefónicas, correos electrónicos, mensajes de textos y visitas a personas que sufren. Vocación de enfermero o médico.

____ ***Servicio:*** Habilidad especial para servir con alegría tras bastidores. Colocar sillas, servir como acomodadores, ayudar a los líderes. Vocación en servicio al cliente o mantenimiento de jardines.

____ ***Hospitalidad:*** Deseo especial de ofrecer vivienda, alimentación y alojamiento. Anfitrión de misioneros, de estudios bíblicos y cenas para solteros. Vocación en servicio de alimentos o turismo.

____ ***Generosidad:*** Deseo especial y habilidad financiera para dar más allá del diezmo. Generosidad con viajes misioneros de jóvenes, ofrendas para fondos de diáconos, ministerios paraeclesiásticos, traje para el pastor. Vocación en filantropía.

____ ***Administración:*** Habilidad especial en organización de programas. Servicio en comités, voluntariado para labores en la iglesia, supervisión de conferencias y seminarios. Vocación en negocios.

____ ***Liderazgo:*** Habilidad especial para presidir o gobernar con sabiduría. Juntas de ministerios cristianos, funciones visibles, ancianos, diáconos, presidentes de comités, dirección de programas de guarderías, recaudación de fondos. Vocación de gerente.

____ ***Fe:*** Visión para nuevos proyectos que deben realizarse y perseverancia para llevarlos a cabo. Desarrollo de programas, nuevos ministerios. Vocación de empresario.

____ ***Discernimiento:*** Habilidad para detectar errores. Reuniones con maestros que podrían estar enseñando en forma incorrecta, escritura de cartas al editor. Vocación en leyes.

Dones de expresión

Las personas que han recibido dones espirituales de expresión pueden ayudar a preparar a otros para tener un ministerio personal de servicio. «Cristo dio los siguientes dones a la iglesia: los apóstoles, los profetas, los evangelistas, y los pastores y maestros. Ellos tienen la responsabilidad de *preparar al pueblo de Dios para que lleve a cabo la obra de Dios y edifique la iglesia*, es decir, el cuerpo de Cristo» (Efesios 4:11-12, NTV).

Los dones de expresión incluyen conocimiento, sabiduría, predicación, enseñanza, evangelización, misiones, pastoreo y exhortación. «Si alguno *habla, hable* conforme a las palabras de Dios» (1 Pedro 4:11). He aquí definiciones y ejemplos de los dones espirituales de expresión:

____ ***Conocimiento:*** Habilidad especial para buscar y adquirir la verdad bíblica. Actividades académicas, escritura, enseñanza. Vocación de educador.

____ ***Sabiduría:*** Percepción especial en aplicar conocimiento. Consejo, enseñanza, liderazgo en grupos de análisis, grupos de rendición de cuentas, amistad. Vocación como consejero o instructor personal.

____ ***Predicación:*** Habilidad especial para proclamar y exponer correctamente la verdad de Dios. Predicadores, predicadores laicos. Vocación para hablar en público.

____ ***Enseñanza:*** Habilidad especial para explicar las Escrituras de manera edificante. Maestros de escuela dominical, estudios bíblicos, grupos en hogares, programas para niños y actividades para jóvenes. Vocación de maestro.

____ ***Evangelización:*** Habilidad especial para presentar claramente el evangelio a los no creyentes. Programa de visitas de la iglesia los domingos por la noche, hablar de la fe con contactos en el trabajo, patrocinio de actividades de divulgación. Vocación de vendedor.

____ ***Misiones:*** Habilidad especial para empezar nuevas obras. Misioneros, plantadores de iglesia, organizaciones de servicio cristiano. Vocación de empresario.

____ ***Pastoreo:*** Habilidad única para cuidar un rebaño de creyentes durante mucho tiempo. Pastores, ancianos, programas de guardería. Vocación como gerente.

____ ***Aliento:*** Habilidad especial para inspirar, animar y consolar. Esto podría hacerse por medio de amistad, consejería, escritura de cartas y similares. Todas las vocaciones.

Si no has estudiado o no entiendes tus propios dones espirituales, sigue estos pasos sugeridos:

1. Estudio y reflexión. Estudia los cuatro pasajes bíblicos que tratan con dones espirituales: Romanos 12:3-8; 1 Corintios 12:1-31; Efesios 4:11-13; 1 Pedro 4:9-11. Tal vez quieras estudiar el contexto examinando los versículos anteriores y posteriores de estas referencias específicas.

En general tus dones se relacionan con lo siguiente, así que reflexiona y responde estas preguntas:

¿Cuáles son tus habilidades naturales?

____

____

¿Qué intereses te motivan?

____

____

¿Cuál ha sido tu experiencia ministerial anterior (si procede)?

____

____

¿En qué ámbitos has recibido comentarios positivos de otros cristianos?

____

____

¿Cuál es la carga, o llamado, que sientes?

____

____

2. Reduce tu lista. Ahora que has estudiado los pasajes de las Escrituras y has respondido estas preguntas, es hora de reducir la lista a los dones espirituales específicos que «crees» que posees o que «tal vez» poseas. ¿Cómo hacerlo?

He incluido un espacio en blanco delante de cada don espiritual anterior. Puedes escribir en el libro, pero por la razón mencionada en la sección «Opiniones» más adelante, sugiero que escribas en una fotocopia de la lista. Ahora marca cada don en el espacio en blanco provisto, de la siguiente forma:

S = Sí. Creo que poseo este don espiritual.
Q = Quizás. Tal vez posea este don espiritual.
N = No. No poseo este don espiritual.
D = Dudo. Dudo que posea este don espiritual.

3. Clasifica tus respuestas. Ahora que has revisado la lista de dones, deberías tener una o más anotaciones «S» y «Q» en los espacios en blanco. Escribe cada uno de esos dones espirituales en los siguientes espacios:

____

____

____

____

____

Ahora clasifícalos en orden de prioridad basándote en lo que sabes en este momento. Pon un «1» junto al don con el que más te identificas, un «2» junto a tu segunda opción, y así sucesivamente. Esto es provisional, aún estás explorando.

4. Busca opiniones. Una manera excelente de ayudarte a determinar tus dones espirituales es pedir ayuda a tus amigos cristianos. Pide a algunos que te clasifiquen, usando el mismo formato que usaste en la sección anterior, «Reduce tu lista». Haz suficientes copias adicionales de los dones espirituales para cada amigo. Compara los resultados con tu propia evaluación. ¿Deberías agregar algunos dones espirituales a tu lista exploratoria?

5. Explora. ¡Ahora es el momento de explorar las posibilidades! Recibe formación especial en tus potenciales áreas de dones. Experimenta con diferentes ministerios. ¿Cuáles te llenan de energía? ¿Cuáles son tediosos? ¿En qué campos te sientes afirmado por otras personas? Descubrir tus dones espirituales abrirá inevitablemente un nuevo reino de gozo en el Señor.

Conocer a Dios es servirle, y las personas más felices del mundo son aquellas que conocen sus dones espirituales y los utilizan para la gloria de Dios.

Si quieres crecer, enfócate en la lectura bíblica, en un grupo pequeño, y en el servicio a alguien más. Eso resolverá el 90% de tus problemas. ¿Es exageración? Sí. ¿Es una generalización? Sí. ¿Es verdad? Sí.

LLAMADO A LA ACCIÓN

En este capítulo has recibido tres llamados distintos a la acción: leer la Biblia por ti mismo, ser parte de un grupo pequeño y servir a alguien. Las «Preguntas de reflexión y para grupos pequeños» al final te ayudarán a pensar en cómo responder. He aquí una oración para finalizar este capítulo. Y asegúrate de responder las preguntas.

Padre amado, vengo ante ti y me humillo. Quiero crecer en madurez, conocimiento, sabiduría y poder. Deseo ser transformado. Anhelo renovar mi mente. Ansío conocer tu voluntad buena, agradable y perfecta para mi vida. Señor, acabo de saber que la lectura bíblica, un grupo pequeño y servir a alguien más solucionará el 90% de mis problemas. Te pido que me ayudes a entender esto por completo y a creerlo de veras. Cámbiame para tu gloria. Muéstrame los pasos siguientes que deseas que dé. Ayúdame a crecer para convertirme en un hombre más orientado en el reino. Hago esta oración, Jesús, en tu maravilloso y precioso nombre. Amén.

Pasando ahora a nuestro próximo tema, si los hombres declaran que su preocupación principal es el crecimiento espiritual, ¿cuál crees que dirían aquellos que ministran a varones que es su preocupación principal? ¡Ese es el tema de nuestro próximo capítulo!

Preguntas de reflexión y para grupos pequeños

1. La gran idea de este capítulo es: «Lectura bíblica, un grupo pequeño y servir a alguien más solucionará el 90% de tus problemas». Es exagerado, desde luego, pero ¿puedes dar un ejemplo de cómo uno o más de estos tres ámbitos de crecimiento espiritual personal han cambiado tu vida?

2. ¿Qué dicen los siguientes versículos acerca de:
   - la Biblia? Hebreos 4:12
   - grupos pequeños? Hebreos 10:25
   - servir a alguien más? Hebreos 13:20-21

3. Clasifícate del 1 al 10 en lo siguiente:
    - ___ Lectura bíblica
    - ___ Participación en un grupo pequeño
    - ___ Servir a otros.

¿Cuál es el área que crees que aceleraría más tu madurez, conocimiento, sabiduría y poder espiritual? ¿Planeas hacer algo diferente y, en caso afirmativo, de qué se trata?

CUATRO

MATRIMONIO

Encontrar en mi esposa a mi mejor amiga

El que halla esposa halla el bien,
y alcanza la benevolencia de Jehová.

PROVERBIOS 18:22

La mayoría de los problemas en el matrimonio desaparecerían si tan solo les habláramos a nuestras esposas con la misma benignidad, cortesía, consideración y respeto con que les hablamos a nuestros compañeros de trabajo.

Cuando mi esposa y yo nos enamoramos, yo competía en carreras de moto. Mi sueño era tener un concesionario de motos y viajar por todo el país ganando carreras de *motocross* los fines de semana.

Un día, poco después que empezamos a salir, ella llamó por teléfono a sus padres en Miami.

—Papá y mamá, creo que conocí al hombre con el que voy a casarme —les dijo.

—Eso es genial, cariño —contestó su papá—. ¿Qué planes tiene él?

—Papá, ¡es muy emocionante! —exclamó ella—. Vamos a viajar por todo el país, ¡él va a competir en carreras de motocicletas y algún día tendremos un concesionario de motos!

Exactamente lo que todo padre anhela escuchar.

Unos meses más tarde le compré a Patsy una motocicleta todoterreno de 100cc para que pudiéramos ir a hacer *motocross* juntos. Cuando montó su moto, supe en mi corazón que ella estaba haciéndolo solamente por mí.

Pronto nos casamos y nos fuimos a nuestra luna de miel. Un par de semanas después regresamos.

—¡Vamos a hacer *motocross* este fin de semana! —le comuniqué.

—Bueno… tengo algunas cosas que debo arreglar aquí en nuestro apartamento. ¿Por qué no vas tú solo este fin de semana?

¿Lo creerías? Una vez casados, ¡ella nunca volvió a montar en una motocicleta!

Cuando éramos novios, todos los días yo me detenía al costado del camino en algún lugar y agarraba una flor para Patsy como prueba de mi amor.

¿Podrías creerlo? Un vez casados, ¡nunca volví a recoger una flor para ella!

¿QUÉ DEBE PASAR AHORA QUE LA LUNA DE MIEL HA CONCLUIDO?

Una vez terminada la luna de miel, una vez que las motos de *cross* y las flores diarias concluyen de manera natural, es necesario hacer ajustes. Es una nueva temporada para establecerse, formar un hogar, forjar una vida juntos, entender las necesidades del otro, sincronizar las vidas de ambos y encontrar un ritmo para vivir juntos.

Ambos fijan algunas reglas básicas, descubren los puntos débiles del otro y cómo no presionarlos. Responden este tipo de preguntas: ¿Cómo va a ser el reparto de labores en nuestra casa? ¿Cómo nos apoyaremos mutuamente? ¿Cuál es el lenguaje del amor de mi cónyuge? ¿Cuál es la mejor manera de animarnos, fortalecernos y consolarnos uno al otro, y sacar tiempo para hacerlo?

Ambos planifican la vida sexual, cuántos hijos van a tener, el trabajo y el manejo del dinero. Aprenden a resolver conflictos, descubren que no pueden controlar uno al otro y ser felices, y ejercitan la importante habilidad de pedir perdón y perdonar. Además, aprenden a sacar tiempo para divertirse juntos. Hay mucho con qué lidiar.

Al final de nuestro primer año de matrimonio, hemos visto sacudida por la realidad nuestra noción romántica de cómo sería compartir una habitación. En cierta ocasión le oí decir a la escritora Florence Littauer: «Nos sentimos atraídos a casarnos con las fortalezas del otro, pero luego vamos a casa para vivir con sus debilidades».

EL PROBLEMA #1 Y LA OPORTUNIDAD #1 PARA LA MAYORÍA DE LOS HOMBRES

Ningún hombre planea fracasar en el matrimonio. Ninguno se ha casado pensando: *Me pregunto cuánto tardaré en arruinar esto.* Todo varón que ha hecho votos maritales se ha imaginado a sí mismo cuidando y protegiendo heroicamente a una mujer por la que estaría dispuesto a dar la vida.

Pero a pesar de nuestras intenciones, si ponemos los problemas matrimoniales de los hombres en una pila y *todos* los demás problemas que enfrentan en una segunda pila, la pila matrimonial por sí sola sigue siendo más alta que todos los demás problemas masculinos combinados.

Es fácil ver que el problema principal de la mayoría de los hombres es que sus matrimonios no funcionan según el diseño de Dios.

Así señaló uno de los veinticuatro hombres de nuestro grupo: «Parece como si necesitáramos oír por qué nuestros matrimonios están por encima de las demás prioridades de nuestras vidas».

Pero hay más. Los problemas con los que la mayoría de las parejas luchan durante su primer año de matrimonio son, gradualmente, los mismos con los que seguirán luchando cinco, diez o veinte años después.

¿Y tú? Si pudieras mirar en una bola de cristal y ver cómo será tu matrimonio dentro de diez o veinte años, ¿cómo crees que será si sigues tu rumbo actual?

Te tengo excelentes noticias. La oportunidad número uno para la mayoría de los hombres casados es cómo unas sorprendentemente pocas, pero estratégicas, correcciones de rumbo pueden alterar de manera dramática el destino de tu matrimonio en diez o veinte años.

Tal vez estés recién casado, quizás lleves muchos años de casado, es posible que te hayas divorciado, a lo mejor estás pensando en casarte o divorciarte, o podrías estar separado. Cualquiera que sea tu situación personal, le ruego a Dios que utilice este capítulo con el fin de darte una perspectiva fresca y optimista para con tu esposa y tu matrimonio.

POR QUÉ SE CASAN LOS HOMBRES

Muchos han tratado de explicar por qué se casan los hombres, pero nunca he visto una explicación más concisa que esta:

> Dijo Jehová Dios: No es bueno que el hombre esté solo; le haré ayuda idónea para él.
>
> *Génesis 2:18*

> Por tanto, dejará el hombre a su padre y a su madre, y se unirá a su mujer, y serán una sola carne.
>
> *Génesis 2:24*

A los hombres no nos gusta estar solos. Es parte de nuestra naturaleza. Y necesitamos ayuda. Es parte de nuestra naturaleza. Así que Dios creó a las mujeres e instituyó el milagro del matrimonio.

El matrimonio es la fusión hermosa y misteriosa entre un hombre y una mujer en lo que la Biblia denomina en forma enigmática «una sola carne». Para aquellos a quienes Dios llama a casarse o a casarse de nuevo, el matrimonio es la torre Eiffel de las relaciones humanas, elevándose majestuosamente por sobre cualquier otra relación.

Desarrollar tu matrimonio a la manera de Dios significa que puedes ser el mejor amigo de tu esposa y ella tu mejor amiga. El punto de partida es entender cómo ella procesa las cosas en forma diferente a ti, y por qué.

LA MANERA EN QUE DIOS LA HIZO

Un día le dije a mi esposa que yo le enseñaría a nuestro hijo qué es lo que emociona a una esposa. Ella contestó: «¡Buena suerte!».

Génesis 3:16 señala: «A la mujer dijo: Multiplicaré en gran manera los dolores en tus preñeces; con dolor darás a luz los hijos; y tu *deseo* será para tu marido, y él se enseñoreará de ti».

Como parte de su «naturaleza», tu esposa te dará el primer lugar en su vida. La mayor necesidad de una esposa es intimar con su esposo. Ese es su instinto natural. Cuando su «deseo» por ti es guiado por el Espíritu Santo, nada es más hermoso y precioso.

Sin embargo, el sentido pleno de la palabra hebrea para *deseo* se entiende mejor como «un anhelo que raya en la enfermedad». Debido a la caída, el deseo de ella por ti puede ser corrompido o malintencionado. Por ejemplo, ella podría ser susceptible a manipular, ser celosa, depender en exceso, exigir demasiado, preocuparse o controlar. Sin duda por eso es que la Biblia ordena a los esposos:

> Maridos, amad a vuestras mujeres, y no seáis ásperos con ellas.
>
> *Colosenses 3:19*

> Vosotros, maridos, igualmente, vivid con ellas sabiamente, dando honor a la mujer como a vaso más frágil, y como a coherederas de la gracia de la vida, para que vuestras oraciones no tengan estorbo.
>
> *1 Pedro 3:7*

No seas duro con tu esposa. La caída la afectó de manera igualmente profunda, aunque diferente. Esto es para ti:

> Por cuanto obedeciste a la voz de tu mujer, y comiste del árbol de que te mandé diciendo: No comerás de él; maldita será la tierra por tu causa; con dolor comerás de ella todos los días de tu vida.

> Espinos y cardos te producirá, y comerás plantas del campo. Con el sudor de tu rostro comerás el pan hasta que vuelvas a la tierra, porque de ella fuiste tomado; pues polvo eres, y al polvo volverás.
>
> *Génesis 3:17-19*

Así como necesitas el apoyo de tu esposa cuando sientes el pinchazo de las espinas, ella necesita tu ternura. Ahora que sabes lo que tu mujer necesita, ¿cómo se lo darás?

EL AMOR SACRIFICIAL ES TU PAPEL PRINCIPAL

Los padres de mi esposa se mudaron a Orlando, y mi suegro, Ed, y yo nos convertimos en compañeros semanales de almuerzo y mejores amigos durante los últimos siete años de su vida.

Poco después de mudarse aquí, mi suegra, June, debió trasladarse en forma permanente al centro de cuidados de su comunidad de jubilados. Ed convirtió su apartamento en un campamento. Dormía allí, pero pasaba gran parte del día en la alcoba de su esposa. Por su parte, ella decía: «Solo quiero estar con Ed».

June era la máxima prioridad de Ed, y por eso eran los mejores amigos. Cuando las sombras del atardecer los cobijaban, lo único que anhelaban de veras era estar juntos. ¿Puedo decir eso otra vez? *Cuando las sombras del atardecer los cobijaban, lo único que anhelaban de veras era estar juntos.*

El amor de Ed ilustra la instrucción principal, más prolongada, casi única y sin duda más distinguida que la Biblia ofrece a un hombre en cuanto a su función como esposo:

> Maridos, amad a vuestras mujeres, *así como* Cristo amó a la iglesia, y se entregó a sí mismo por ella, para santificarla, habiéndola purificado en el lavamiento del agua por la palabra, a fin

> de presentársela a sí mismo, una iglesia gloriosa, que no tuviese mancha ni arruga ni cosa semejante, sino que fuese santa y sin mancha. Así también los maridos deben amar a sus mujeres como a sus mismos cuerpos. El que ama a su mujer, a sí mismo se ama. Porque nadie aborreció jamás a su propia carne, sino que la sustenta y la cuida, como también Cristo a la iglesia, porque somos miembros de su cuerpo, de su carne y de sus huesos. Por esto dejará el hombre a su padre y a su madre, y se unirá a su mujer, y los dos serán una sola carne. Grande es este misterio; mas yo digo esto respecto de Cristo y de la iglesia.
>
> *Efesios 5:25-32*

La forma en que Jesús ama a su esposa es el modelo de cómo debemos amar a nuestras esposas. Fíjate en la exhortación a amar de modo sacrificial a tu esposa *así como* («igual a» o «del mismo modo») que Jesús amó a su Iglesia (el cuerpo de Cristo) y se entregó por ella.

La Iglesia significa todo para Jesús. No le ocultó nada. Sacrificó todo lo que tenía por servirle. Se dispuso a morir por ella. En resumen, su esposa fue su prioridad principal, y eso es lo que las Escrituras quieren que imitemos:

Después de Dios, pero antes que todo lo demás, haz de tu esposa tu máxima prioridad.

He escrito tres libros sobre el matrimonio y capítulos sobre el tema en otros libros que contienen cientos de ideas matrimoniales. Francamente creo, y esta es la gran idea para este capítulo, que la mayoría de los problemas en el matrimonio desaparecerían si tan solo les habláramos a nuestras esposas con la misma benignidad, cortesía, planificación y respeto con que les hablamos a nuestros compañeros de trabajo.

Dicho esto, he aquí algunas ideas prácticas que te ayudarán a hacer exactamente eso: adoptar la mentalidad del 70%, orar *por* y *con* tu esposa, hacer depósitos en su cuenta bancaria emocional y convertirla en tu mejor amiga. Haz esto y estarás en tu camino de hacer de tu esposa tu máxima prioridad. Y por la gracia de Dios, una esposa que un día, dentro de algún tiempo, podría decir: «Solo quiero estar contigo».

Mentalidad del 70%

La mayoría de las personas concordarían en que Billy Graham fue uno de los hombres cristianos más ejemplares que han caminado sobre la faz del planeta. Pero su esposa, Ruth, bromeó en cierta ocasión: «Nunca he pensado en divorciarme, en asesinato sí, pero nunca en divorciarme».[1]

Ni siquiera Billy Graham tuvo un matrimonio «perfecto».

Tendrás días tipo Billy Graham.

¿De dónde viene la desilusión marital? En algún momento de la relación tienes expectativas de tu esposa que no se cumplen: apariencia, nivel de esfuerzo, sexo, etc.

Y para ser realistas, algunos días sientes que vas a explotar. «¡No puedo creer que yo haya sido tan estúpido para casarme con esta mujer!» o «¿En qué estaba pensando?». Por supuesto, esos son casos extremos, pero todos tenemos esa clase de días. Desde luego, tu esposa también los tiene.

¿Cómo evitamos que unas cuantas desilusiones arruinen algo que por lo demás es bueno?

Como regla general, *todas las desilusiones son el resultado de expectativas incumplidas*. Por ejemplo, supón que recibiste un bono de $1.000. Si creías que ibas a recibir $500, estarías feliz. Pero te desilusionarías terriblemente si hubieras esperado $2.000. La bonificación fue de $1.000 de todos modos. La única diferencia es lo que esperabas.

---

1. Citado en Kristen Driscoll, «Ruth Bell Graham: A Life Well Lived, Part 2», *Decision*, junio de 2013, https://www.billygraham.ca/stories/ruth-bell-graham-a-life-well-lived-part-2/.

Por tanto, mi primera sugerencia para ayudarte a hacer de tu esposa tu máxima prioridad es ajustar tus expectativas. Si estableces expectativas realistas, no sentirás que estás recibiendo «menos» de lo que esperabas de ella. ¿Qué es entonces lo realista?

Edwin Friedman, experto en sistemas familiares, manifestó: «En realidad, ningún matrimonio humano obtiene una calificación superior al 70%».[2] Lo que él quiso decir es que lo normal es funcionar al 70% del potencial.

Hagamos un experimento mental. Si calculas el 70% de siete días, te da 4,9. Llamémoslo cinco de siete días. En un matrimonio y sistema familiar «normales», experimentarás satisfacción marital durante cinco de siete días. Pero es probable que en un par de días a la semana el estado de ánimo no sea el adecuado: cambios de humor, problemas laborales, presión económica, estrés por los hijos. En otras palabras, hasta el matrimonio más exitoso únicamente estará libre de síntomas alrededor del 70% del tiempo.

Tanto mi esposa como yo creemos que nuestro matrimonio es excelente. Al descubrir por primera vez esta regla del 70%, le pedí que leyera la página en el libro. Ella lo hizo y, sin levantar la mirada, declaró definitivamente: «Me parece bastante bien».

Hemos adoptado «la mentalidad del 70%», y los dos descubrimos que reducir nuestras expectativas mutuas ha aumentado nuestra satisfacción marital. Ahora solo quiero asesinarla un día a la semana en lugar de dos (¡estoy bromeando!).

Podrías estar preguntándote: *¿Es eso lo mejor que se consigue?* Pero un pensamiento más acertado sería: *¡Vaya, tal vez mi matrimonio sea mejor de lo que creía!* Si te concentras en este 70%, creo que con el tiempo te sentirás animado.

---

2. Edwin H. Friedman, *Generation to Generation: Family Process in Church and Synagogue* (Nueva York: Guilford, 1985), p. 69.

¿Por qué solo el 70%? Es por la caída. Nos vemos a través del velo de nuestras naturalezas pecaminosas. Se necesita gracia para hacer que un matrimonio funcione. Ninguna persona es ideal. Nuestras esposas pueden ser controladoras, negligentes, testarudas, malhumoradas, inexpresivas, desagradecidas, etc., etc. Nosotros también podemos ser así.

La manera principal en que he puesto personalmente en práctica «la mentalidad del 70%» es repitiendo una frase por la que he pagado un enorme precio. Pero antes de decírtela, permíteme decirte cómo se me ocurrió.

Un día mi esposa me dijo de sopetón: «Ya no me siento segura contigo». Quedé devastado, pero yo sabía la razón. Durante algunos años la había presionado mucho para que hiciera más ejercicio, uno de mis valores personales. Ella tomaba mis repetidas «motivaciones» como punzadas que la hacían sentir que no era lo suficientemente buena para mí tal como era. Esa presión le hizo sentir que debía cumplir… que mi amor por ella estaba condicionado.

Cuando me dijo eso, imaginé que podía disculparme, dejar de presionarla y que eso sería todo. Así que eso fue lo que hice. Pero para mi total sorpresa, ella no respondió. Es más, pasaron tres largos años hasta que un día declaró: «Otra vez me siento segura contigo». Durante esos años, el Señor me reveló en varias ocasiones mi naturaleza pecaminosa. Me arrepentí por presionarla y también por suponer que podía solucionar las cosas de la noche a la mañana. Y ahora, he aquí la frase que se me ocurrió durante esos tres largos años:

«Yo te dejo ser tú y tú me dejas ser yo».

Hoy día, después de muchos años de repetición, esto es simplemente parte de quiénes somos… los dos. Es un hábito. Es parte de mi forma de ver el mundo. Un principio guía. Inténtalo. Es una manera fácil de recordar cómo manejar tus expectativas.

Adoptar la mentalidad del 70% es la primera sugerencia para hacer de tu esposa tu máxima prioridad después de Dios. La segunda sugerencia es orar *por y con* ella.

Ora *por* tu esposa

David Delk y yo escribimos un libro, *The Marriage Prayer*, en el que esbozamos una oración de 63 palabras que capta la esencia de la enseñanza bíblica sobre el matrimonio. Hay una versión para que los esposos oren por sus esposas, y otra para que las esposas oren por sus esposos. He aquí la versión del esposo:

> *Padre:*
>
> *Dije: «Hasta que la muerte nos separe», quiero decirlo en serio.*
> *Ayúdame a amarte más que a ella, y a ella más que a nadie ni nada.*
> *Ayúdame a llevarla hoy ante tu presencia.*
> *Haznos uno, como tú eres tres en uno.*
> *Quiero escuchar, apreciar y servir a mi esposa, a fin de que te ame más y podamos traerte gloria.*
> *Amén.*

En mi orgullo humano no creía que necesitaba «personalmente» hacer esta oración, pero sentí que debía orar por mi esposa porque, después de todo, ¡yo recomendaba esta plegaria a los hombres!

Unas semanas después comenzaron a suceder cosas extrañas. Empecé a preguntar: «¿Puedo traerte otra taza de café?». «¿Te gustaría que yo saque la basura?», y docenas de preguntas similares que eran novedosas para mí.

Un día vi sobres vacíos de edulcorante pegados al fondo de la cesta de basura, y me dediqué a recuperarlos. Lo siguiente que recuerdo fue estar parado allí preguntándome: *¿Qué acaba de suceder?* y entonces lo comprendí. Una frase de mi oración matrimonial me pasó por la mente: «Quiero escuchar, apreciar y servir a mi esposa, a fin de que te ame más».

Evolución de la oración matrimonial

Tras unos meses de orar: «Quiero decirlo en serio» y «Ayúdame a amarte más que a ella, y a ella más que a nadie ni nada», me sobrevino otro cambio.

Comprendí que no solo «quería» decirlo en serio. ¡Lo *decía* en serio! y no necesitaba que Dios me «ayudara» a amarlo y a amarla. ¡Los *amaba* a ambos más que a nadie!

Así que cambié las dos primeras frases y empecé a orar:

Padre:

> *Dije: «Hasta que la muerte nos separe», ~~quiero decirlo~~ lo digo en serio.*
>
> *~~Ayúdame a amarte~~ Te amo más que a ella, y a ella más que a nadie ni nada.*

En ese momento, yo estaba seguro de que Dios me había mostrado todo lo que había que ver. ¡Pero aún había más!

Orar en la clave «nosotros»

Hace dos años tuve una revelación mientras leía el Padrenuestro. Me sorprendió lo «ajena» que parecía mi oración. Jesús nos enseñó a hacer oraciones con los pronombres «nuestro» y «nosotros», no oraciones con «yo» y «mi». Fíjate en las nueve veces que Jesús nos dice que oremos por los demás como por nosotros mismos:

> Vosotros, pues, oraréis así: Padre *nuestro* que estás en los cielos, santificado sea tu nombre. Venga tu reino. Hágase tu voluntad, como en el cielo, así también en la tierra. El pan *nuestro* de cada día, *dánoslo* hoy. Y *perdónanos nuestras* deudas, como también

nosotros perdonamos a *nuestros* deudores. Y no *nos* metas en tentación, mas *líbranos* del mal.

Mateo 6:9-13

Imagínate que Jesús nos hubiera enseñado a orar solamente: «El pan *mío* de cada día, *dámelo* hoy. Y *perdóname mis* deudas, como también *yo* perdono a *mis* deudores. Y no *me* metas en tentación, mas *líbrame* del mal».

En ese momento me di cuenta de que la mayoría de mis oraciones las hacía en el pronombre personal *yo*. Así que empecé a orar en el pronombre *nosotros*.

Al instante, la apertura que controlaba el campo de visión del ojo de mi mente se abrió de manera radical. En lugar de orar solo por mí mismo y por unos cuantos más, de repente las imágenes de prácticamente centenares de personas empezaron a pasar por mi mente a medida que oraba. Era como si hubiera estado enfermo de visión de túnel espiritual, pero que de pronto me hubiera curado. Fue como quitar un teleobjetivo y poner un amplio objetivo angular.

Así que me adapté y comencé a hacer la oración matrimonial, esta vez en el pronombre *nosotros.*

El resultado es una oración que tú también puedes hacer. Dependiendo de si estás en la etapa «*queremos* decirlo en serio» o «lo *decimos* en serio», he aquí dos versiones de la oración matrimonial. ¿Por qué no probarlas?

Oración matrimonial: Versión nosotros

Padre:

> *Dijimos: «Hasta que la muerte nos separe», queremos decirlo en serio.*
>
> *Ayúdanos a amarte más que uno al otro, y uno al otro más que a nadie ni nada.*

Ayúdanos a llevarnos mutuamente hoy ante tu presencia.
Haznos uno, como tú eres tres en uno.
Queremos escucharnos, apreciarnos y servirnos mutuamente, a fin de que te amemos más y te traigamos gloria.
Amén.

Oración matrimonial: Versión mejorada

Padre:

Dijimos: «Hasta que la muerte nos separe», ~~queremos decirlo~~ lo decimos en serio.
~~Ayúdanos a amarte~~ Te amamos más que uno al otro, y uno al otro más que a nadie ni nada.
Ayúdanos a llevarnos mutuamente hoy ante tu presencia.
Haznos uno, como tú eres tres en uno.
Queremos escucharnos, apreciarnos y servirnos mutuamente, a fin de que te amemos más y te traigamos gloria.
Amén.

Ora *con* tu esposa

Además de orar por tu esposa, también puedes orar *con* ella. Podría sorprenderte, pero también aliviarte, que no muchos hombres realmente oran con sus esposas. Por ejemplo, hace poco participé en uno de nuestros grupos de estudio bíblico por video, que se reúne desde hace diecisiete años. De los doce hombres en la conferencia, solo dos dijeron que oran con sus esposas.

Orar con tu esposa parece más intimidante de lo que es en la práctica. No es necesario orar juntos durante mucho tiempo. Por ejemplo, Patsy y yo oramos durante uno a tres minutos en la mañana. Y si nos saltamos una mañana, no nos preocupamos. Por lo general, el que ora soy yo. Ella ora si se lo pido, pero no es lo suyo y en realidad prefiere que yo ore. Sin embargo, de vez en cuando le digo: «¿Por qué no oras hoy?», y ella lo hace.

Tampoco se necesita un lugar o un momento especial. Por ejemplo, oramos justo cuando estamos listos para empezar nuestro día.

Se puede orar por todo lo que se quiera, y no se necesita mucha preparación, si es que se necesita alguna. Siempre oramos por nuestros hijos y nietos. Oramos mirando al pasado con agradecimiento y gratitud, y luego oramos mirando al futuro, suplicando por personas, situaciones y tareas diarias.

También oramos antes de cenar, porque por lo general cada uno desayuna y almuerza por su lado.

Como puedes ver, no se necesita mucho esfuerzo, pero esto puede marcar una gran diferencia.

Haz la oración matrimonial con tu esposa

¡He dejado lo mejor para el final! Prácticamente cada día hago la oración matrimonial por mi esposa, pero una o dos veces al mes ella y yo la hacemos juntos. Adáptala a tu preferencia personal, pero he descubierto que una vez cada dos semanas es un buen intervalo. Esa frecuencia es suficiente para tener un impacto real, pero no para que se convierta en una rutina.

Puedes orar en la versión *nosotros* o en la versión *mejorada*.

Precaución: Puede que al principio te resulte estresante hacer la oración matrimonial en voz alta con tu esposa. Es comprensible. Puesto que esta oración puede hacer tanto bien, la oposición espiritual es muy feroz. Sigue adelante y supera la aprensión. No logro pensar en *algo* que haya avivado más mi corazón hacia mi esposa y me haya hecho sentir más conectado con ella que hacer en voz alta la oración matrimonial en su compañía. ¡Pruébala!

Junto con adoptar la mentalidad del 70% y orar por y con tu esposa, he aquí una idea sin igual.

Cuenta bancaria emocional

La tercera sugerencia e idea más práctica que he oído y escrito es la *cuenta bancaria emocional*. El concepto es muy sencillo. Todo ser humano (tú, tu esposa o tu futura esposa) tiene un banco emocional.

Imagínate una bóveda en su pecho. Con cada interacción que tienes con ella, haces un depósito o un retiro en su cuenta bancaria emocional. Cada palabra que pronuncias, cada gesto que haces, cada minuto que le dedicas o no le dedicas. *Todo* en tu relación es un depósito o un retiro.

Veamos un par de ejemplos. Llegas del trabajo a tu casa. Ha sido un día largo. Estás agotado. No quieres relacionarte con nadie. Ya te has sentido así antes, y has desarrollado un sistema, una manera de hacerle saber a tu esposa que no te queda nada más que dar. Así que, cuando atraviesas la puerta sueltas un profundo e intenso gruñido que se parece al sonido de un enorme animal de zoológico, para indicarle: «He tenido un día difícil. En realidad no quiero que nadie ni nada me moleste. No importa lo que hayas vivido hoy, yo he pasado cosas mucho peores, así que no me molestes».

Entonces, ¿es este un depósito o un retiro en la cuenta bancaria emocional de tu esposa? Muy bien. Captas la idea.

Supongamos ahora que, a la mañana siguiente, te sientes tan culpable por haber sido tan hosco, que decides llevarle el desayuno a la cama con una disculpa. ¿Es ese un retiro o un depósito? Obviamente, es un depósito.

Como dije, depositas o retiras, pero algunos depósitos son mejores que otros. Concentra tus depósitos donde tu esposa los aprecie más. Para lograr eso deberás conocer su lenguaje del amor.

Gary Chapman escribió que existen cinco lenguajes del amor:

- palabras de afirmación
- tiempo de calidad

- regalos
- actos de servicio
- toque físico[3]

Cada uno de nosotros tiene una o dos de estas formas en que preferimos ser amados.

Pero no está de más una advertencia. Y es que nuestra tendencia es amar del modo en que queremos ser amados, no de la manera en que nuestra esposa anhela ser amada.

Por ejemplo, a mi esposa le encanta hacer diligencias para mí, como ir a la tienda o recoger la ropa de la tintorería. Eso le agrada mucho, porque ese es su lenguaje del amor. Yo aprecio mucho eso, pero mi lenguaje del amor es tiempo de calidad. En otras palabras, me siento más amado cuando estamos juntos, no porque ella haya ido a la tienda, sin desmerecerlo, desde luego.

Por otra parte, ya que sé que su lenguaje del amor es el servicio, intento hacer las tareas que surgen en la casa, sin posponerlas, como cambiar bombillos, descargar las compras, arreglar cosas, etc. Como no soy muy hábil, tales tareas no ocupan los primeros lugares en mi lista. Tengo que sustituir la falta de interés natural por disciplina. Pero cuando veo lo mucho que significa para ella amarla en su lenguaje del amor, vale la pena el esfuerzo.

Combina la cuenta bancaria emocional con los cinco lenguajes del amor de Chapman, y tendrás una forma concreta de hacer depósitos.

La última idea, y quizás la más importante, es disponerte intencionalmente a ser el mejor amigo de tu esposa.

---

3. Gary Chapman, *Los cinco lenguajes del amor: Cómo expresar una devoción sincera a su cónyuge* (Miami, FL: Unilit, 1996).

Sé el mejor amigo de tu esposa

Una vez realicé una encuesta entre las esposas de los hombres en nuestro estudio bíblico, para averiguar cuáles creían *ellas* que eran los problemas más importantes que enfrentaban sus matrimonios.

La primera respuesta fue: «No pasamos suficiente tiempo juntos». Muchas también respondieron: «Cuando estamos juntos, desearía que nuestra conversación fuera más significativa».

Tiempo y conversación; estos eran los dos temas principales en las mentes de las esposas de nuestros hombres.

Quizás el mayor depósito de todos, el que más indica que deseas amar de manera sacrificial a tu esposa, que quieres hacer de ella tu máxima prioridad después de Dios, es simplemente decir: «Quiero ser el mejor amigo de mi esposa».

Esto me sucedió cuando cumplimos trece años de casados. Teníamos dos hijos maravillosos, una casa hermosa, el trabajo soñado. Todo debería haber sido fabuloso. Pero no lo era. Esto me confundió. Nuestro matrimonio era bueno. Pero como no era malo, me había engañado creyendo que era mejor de lo que en realidad era. Simplemente no teníamos rumbo.

Un día recuerdo haber orado: «Dios, ¿qué ha ocurrido aquí? Recuerdo la primera vez que vi a esa mujer caminando por la calle y mi corazón me palpitó tan fuerte que sentí que se me iba a salir del pecho. Recuerdo cómo me temblaban las rodillas y sentí que se me iban a doblar las piernas. Señor, ¡deseo volver a sentir eso! Quiero volver a tener esa sensación. ¿Qué puedo hacer?».

Dios me habló. En los días siguientes pensé: *¿Por qué no haces que Patsy sea tu mejor amiga?*

Exclamé: «¡Lo haré, Señor! Pero tengo un problema. No tengo idea de *cómo* hacerlo».

Después de orar durante un par de semanas más, un día se me ocurrió la idea:

Una vez que los niños se levanten de la mesa y se vayan a hacer sus deberes, ¿por qué no me quedo con ella en la mesa durante unos veinte minutos y tan solo conversamos? Escucharé sin responder demasiado rápido. Simplemente conversaremos, pero no sobre el balance de la chequera familiar, ni sobre asuntos familiares, sino sobre cómo conocer o volver a conocer a esta frágil flor que se me ha confiado, una mujer que desea intimidad, que es vulnerable y que me desea. ¿Por qué no paso ese tiempo con ella?

Eso es lo que hice, sin mencionar por qué. Empecé a quedarme en la mesa por veinte minutos más después de la cena.

¿Sabes qué? Ella permaneció conmigo.

Algunos meses más tarde, un día llegué del trabajo a casa y ella me había comprado un regalo: una placa pequeña. La tengo en mi escritorio. Ahora mismo la estoy mirando. Dice así: «Felicidad es estar casada con tu mejor amigo».

LLAMADO A LA ACCIÓN

Amigo, la fiesta terminará pronto. Las luces se apagarán. Tus hijos crecerán y se irán. Tus amigos se habrán mudado a otro sitio. Solo habrá dos mecedoras una junto a la otra.

¿No tiene sentido invertir hoy en la mujer que se sentará a tu lado en ese momento? ¿Cuáles de las ideas que hemos destacado (la mentalidad del 70%, orar por y con tu esposa, la cuenta bancaria emocional y hacer de ella tu mejor amiga) quisieras convertir en tu llamado a la acción? Recuerda que ella y tú son realmente las únicas dos personas que están juntas en esto.

Padre amado, gracias por este gran tema que se eleva de veras por encima de todos los demás aspectos de nuestras vidas. Señor, algunos de nosotros solo necesitábamos que se nos recordara algo que ya hemos estado haciendo. Otros necesitábamos que se nos recordara que debíamos hacer un ajuste o una corrección. Para algunos de nosotros, este fue un buen aporte para un matrimonio inminente o futuro. Sea cual sea el caso, Dios, oramos para que después de ti, pero antes que nadie ni nada más, cada uno de nosotros haga de nuestras esposas nuestra máxima prioridad. Oramos esto, Jesús, en tu nombre. Amén.

Ahora, por favor, responde las preguntas.

Preguntas de reflexión y para grupos pequeños

1. ¿Estás casado? Si no es así, ¿quisieras casarte? De cualquier manera, ¿qué crees que puedes conseguir de estar casado que no podrías obtener de otro modo?

2. Las Escrituras en este capítulo son los mínimos inapelables que resumen lo que la Biblia dice sobre el matrimonio. ¿Qué versículo te ha impactado más, y por qué?

3. La idea principal de este capítulo es: «La mayoría de los problemas en el matrimonio desaparecerían si simplemente les habláramos a nuestras esposas con la misma benignidad, cortesía, precaución y respeto con que les hablamos a nuestros compañeros de trabajo». En primer

lugar, ¿crees que este es un buen credo para que lo adoptes personalmente, y por qué? En segundo lugar, ¿cuáles son las dos o tres cosas que harías los próximos días, que enviarían a tu esposa o futura esposa el mensaje de que ella es en realidad tu máxima prioridad después de Dios? Tal vez esta sea una de las ideas prácticas en este capítulo.

CINCO

HIJOS

Convertirme en un papá con un impacto positivo

La necedad está ligada en el corazón del muchacho.

PROVERBIOS 22:15

«Sí, te amo, y no, no puedes hacer las cosas a tu manera».

Cuando papá tenía dos años, el menor de cuatro hijos, su padre abandonó la familia. Al quedarse sola, la madre de papá hizo lo mejor que pudo, pero eran sumamente pobres. Para ayudar a mantener a la familia, mi padre empezó a trabajar cuando tenía seis años. Tenía dos trabajos. Cada día él y su hermano mayor Harry, se levantaban a las tres de la mañana y trabajaban en el furgón de una panadería. Luego entregaban periódicos antes de ir a la escuela. Cuando papá se hizo hombre, tuvo que tomar una decisión. ¿Seguiría los pasos de su padre o rompería el ciclo? Puedes imaginar lo feliz que estoy de que decidiera romper el ciclo. El legado de algunos hombres se define por hasta dónde llegan, pero el legado de mi padre solo puede entenderse al ver de dónde vino. El impacto de un padre es innegable. Soy quien soy hoy en gran parte porque papá decidió *no* ser el hombre que fue su padre. Siempre estaré muy agradecido. Gracias, papá.

EL PADRE NO DISCIPULADO

Pero mi padre tenía un problema. Nunca sintió el rasguño de los bigotes de su padre. Nunca oyó el relajante sonido de la voz de su papá leyéndole un cuento antes de dormir. Nunca consiguió que su padre lo despeinara o luchara con él en el suelo. Nunca jugó con su papá en el patio trasero. Nunca olió la ropa de trabajo de su padre. Nunca oyó el portazo de un camión al final de la jornada, señal de que su padre estaba a punto de volver a entrar en la órbita familiar. Nunca oyó que su papá le decía: «Hijo, te amo» o «Hijo, estoy orgulloso de ti».

En otras palabras, no tenía ningún ejemplo de lo que significaba ser padre. Como resultado, papá debió *imaginar* cómo ser un padre para mis tres hermanos menores y yo.

La paternidad no fue un problema para papá durante mi preadolescencia. Pero lo pilló totalmente desprevenido cuán rebelde, iracundo e insensato me volví en la adolescencia. Me metí con pandillas de fiestas, bebía en exceso, empecé a faltar al colegio y participé en peleas, muchas peleas.

¿Por qué me volví así? Proverbios 22:15 expone: «La necedad está ligada en el corazón del muchacho; mas la vara de la corrección la alejará de él».

Todo hijo empieza siendo tonto. En mi caso, mi papá no tenía un modelo paterno de disciplina, instrucción y corrección al cual recurrir. No fue culpa suya. Como dice el dicho: «No puedes dar lo que no tienes». Como ves, él simplemente no estaba preparado para ser la figura paterna de la necedad encerrada en el corazón de su hijo.

Papá no tenía preparación, instrucción ni discipulado. Nunca lo invitaron a asistir a una clase sobre paternidad o a leer un libro como este. No tenía un grupo de hombres o de matrimonios donde le pudieran haber aconsejado en cuanto a cómo tratar con mi huida de casa, mis tres encuentros con la policía por beber demasiado y mis constantes peleas.

Como resultado, terminé con un gran resentimiento. Y desafiaba a cualquiera que intentaba quitármelo. A mediados de mi último curso me hallaba tan descarriado que abandoné el colegio. Papá no iba a permitir que me quedara en casa, así que me llevó a la oficina de alistamiento del ejército de los Estados Unidos.

Aquello resultó ser un gran acierto, porque además de proteger la libertar de los Estados Unidos, su ejército tiene un sistema impecablemente exitoso para quitarles las tonterías a los jóvenes insensatos.

En mi caso, el sistema lo dirigía un feroz sargento de instrucción que empezaba cada día encendiendo todas las luces en las barracas a las cinco de la mañana. Luego se inclinaba y ponía su cara de atormentador a quince centímetros de mi rostro y se deleitaba gritando a todo pulmón: «¡Soldado, salga de esa litera, perezoso pedazo de inútil! ¡Póngase las botas de combate! ¡Vamos a correr ocho kilómetros antes de desayunar!».

El ejército fue bueno para mí. Yo sabía que mi padre me amaba. Sin embargo, fue el ejército, por medio de su disciplina, lo que extirpó la necedad que había en mí.

Si el ejército no me hubiera dispensado la disciplina que mi padre no fue entrenado para darme, ese resentimiento fácilmente podría haberme arruinado la vida. Proverbios 19:3 nos advierte: «La insensatez del hombre tuerce su camino, y luego contra Jehová se irrita su corazón».

Por supuesto, por ahí andan muchos hombres furiosos que aún cargan esos resentimientos. Sus corazones están llenos de ira. Si eres uno de ellos, te animo a que no juzgues a tu padre con más dureza de la que merece. La mayoría de los padres realmente quieren lo mejor para sus hijos, incluso aquellos que no están preparados para darles lo mejor. Desde luego que cometen errores. Tú también los cometerás con tus hijos. Perdona a tu padre. Y asegúrate también de pedirle perdón, si es posible. Muchos de nosotros hemos sido con nuestros padres mucho más severos de lo que merecen.

Dicho esto, recalco que todo padre cristiano quiere que sus hijos crezcan amando a Dios y a los demás. El propósito de este capítulo es proporcionarte el entrenamiento básico sobre cómo ser un padre para tus hijos en una manera que sea realmente determinante para ellos.

LO QUE NUESTROS HIJOS NECESITAN DE VERAS

La difícil misión de un padre cristiano es brindar suficiente estructura para ahuyentar la necedad, sin permitir que tus hijos tengan motivos para dudar de que los amas y aceptas de modo incondicional.

Cuando nuestros propios hijos apenas dejaban los pañales, mi esposa y yo asistimos a un seminario sobre paternidad en el que el consejero y escritor Larry Crabb era el orador. Nos ofreció una fórmula sencilla y práctica para corregir la necedad: «Sí, te amo, y no, no puedes hacer las cosas a tu manera».

Prácticamente todos los errores de crianza que se te ocurran serán consecuencia de no haber sido firme en una o ambas declaraciones:

El padre *autoritario*: «No, no te amo, y no, no puedes hacer las cosas a tu manera».

El padre *permisivo*: «Sí, te amo, y sí, puedes hacer las cosas a tu manera».

El padre *desconectado*: «No, no te amo, y sí, puedes hacer las cosas a tu manera».

El padre *alentador*: «Sí, te amo, y no, no puedes hacer las cosas a tu manera».

«Sí, te amo, y no, no puedes hacer las cosas a tu manera» es la gran idea que puede guiarte al equilibrio correcto de estructura y disciplina que necesitarás para ahuyentar la necedad, mientras al mismo tiempo te aseguras de que tus hijos nunca duden de tu amor.

TU ESTILO DE CRIANZA

Uno de nuestros líderes de estudio bíblico me dijo: «Hiciera lo que hiciera, yo no podía hacer feliz a mi padre». ¿Te hizo sentir amado y aceptado incondicionalmente tu papá? Sabes lo placentero o doloroso que eso es… incluso ahora.

Todo padre quiere saber: «¿Qué significa ser demasiado estricto? ¿Qué pasará si lo soy? ¿Qué significa no ser suficientemente estricto? ¿Qué pasará si soy demasiado permisivo?».

Cuando de proveer normas se trata, hay dos posibles equivocaciones. La primera es *demasiadas normas*. Por ejemplo, una mujer se enfureció contra Dios hasta su último aliento porque creció en un hogar «cristiano» donde no se le permitió usar maquillaje, escuchar música o ir a fiestas. Tener demasiadas normas puede convertirse rápidamente en legalismo.

La segunda y contrapuesta equivocación es *no tener suficientes normas*. Mi esposa me dijo un día: «Creo que tus padres te dieron demasiada libertad de decisión». Al no tener límites claramente establecidos, muchos padres, sin darse cuenta, crean miedo en sus hijos por no darles la seguridad de la reglamentación suficiente.

El fundador de Enfoque a la Familia, James Dobson, hizo popular una historia sobre algunos niños de primaria que jugaban felices dentro de un patio de recreo cercado. Algunos psicólogos determinaron que la valla creaba un límite artificial que impedía el libre desarrollo de los niños. Presionaron con éxito su caso, y la valla fue retirada. De inmediato los niños se amontonaron en el centro del patio. No saber dónde estaban los límites les destruyó la confianza.

¿Cuál es el equilibrio correcto? Como David Delk y yo escribimos en *El papá frente al espejo*, existen básicamente dos estilos de crianza: *desempeño* y *corazón*.[1]

Muchos padres crían por desempeño. Se centran en conductas externas e intentan que sus hijos «hagan lo correcto». Los exasperan. Pero las Escrituras advierten: «Padres, no provoquéis a ira a vuestros hijos, sino criadlos en disciplina y amonestación del Señor» (Efesios 6:4).

Criar a los hijos con el corazón es el enfoque recomendado por la Biblia. Significa fijarse no solo en el desempeño, sino también en las razones que yacen *detrás* de este: Jesús expresó: «De la abundancia del corazón habla la boca» (Mateo 12:34).

---

1. Pat Morley y David Delk, *El papá frente al espejo: Cómo ver tu entrega a Dios reflejada en tus hijos* (Miami, FL: Vida, 2009), p. 31.

Por eso les decíamos a nuestros hijos que podían experimentar todo lo que quisieran, mientras no fuera peligroso o permanente. Estábamos más interesados en lo que pasaba en sus corazones que en su desempeño. Nuestro hijo decidió que quería dejarse crecer el cabello. En la escuela lo apodaron «el trapeador». Luego decidió que quería teñírselo. Le dijimos que estaba bien. Lo pintó de anaranjado, por lo que durante un año fue «el trapeador anaranjado».

Puedes criar a tus hijos bajo la gracia o la ley, pero la gracia es mejor. Si crías a tus hijos con demasiadas normas, es muy probable que rechacen lo que has intentado enseñarles una vez que tengan suficiente edad para valerse por sí solos.

He aquí una regla sencilla para ayudarte a equilibrar los límites: *No les permitas lo que Dios prohíbe, y no les prohíbas lo que Dios permite.*

Sé que todo padre cristiano *quiere* criar de corazón. Pero ¿qué puedes hacer *prácticamente* para asegurarte de que tus hijos crean de manera real y verdadera que los amas en forma incondicional?

Ideas prácticas

Puedes dar a tus hijos lo que necesitan amando a su madre, diciplinándolos, pasando tiempo con ellos, orando por ellos y animándolos con palabras. Pasaremos el resto de este capítulo explorando algunas de las maneras más prácticas en que puedes hacer que esto suceda.

Ama a la madre de tus hijos

De recién casados, mi esposa y yo asistimos a un retiro matrimonial de un fin de semana, dirigido por un sacerdote malhablado y fumador, lo que me pareció muy curioso porque no estaba casado. Pero resultó ser brillante. Citó a Theodore Hesburgh, expresidente de la Universidad de Notre Dame, quien declaró:

«Lo más importante que un padre puede hacer por sus hijos es amar a la madre de ellos».

Esta idea está en el corazón de «la teoría de los sistemas familiares».[2] Los consejeros familiares saben que si tratan con éxito a un niño, pero lo devuelven a un sistema familiar que no ha cambiado, la probabilidad de que el muchacho regrese a su disfunción anterior es estadísticamente mucho más elevada.

Resulta que el mejor indicador de la salud de los hijos es un matrimonio sano. Es exagerado decirlo, pero básicamente, si tu matrimonio está bien, también lo estará tu familia. Lo más práctico que un padre puede hacer para influir positivamente en sus hijos es amar de veras a su madre.

Discipula a tus hijos

La mayoría de nosotros hemos escuchado (y nos aferramos a) el axioma de Proverbios 22:6: «Instruye al niño en el camino en que debe andar, y aun cuando fuere viejo no se apartará de él» (paráfrasis mía).

Hay un conjunto de palabras (*entrenar, discipular, disciplinar, instruir, enseñar, preparar*) que describen la responsabilidad de los padres en la transferencia de conocimientos espirituales, morales y prácticos. Se trata de lo que Jesús llamó «hacer discípulos», y lo capta hermosamente este salmo:

> Escucha, pueblo mío, mi ley;
> Inclinad vuestro oído a las palabras de mi boca.
> Abriré mi boca en proverbios;
> Hablaré cosas escondidas desde tiempos antiguos,
> Las cuales hemos oído y entendido;

2. Véase Murray Bowen, *Family Therapy in Clinical Practice* (Lanham, MD: Jason Aronson, 2002), pp. 175-176. Publicado en español por Desclée de Brouwer con el título *La terapia familiar en la práctica clínica*.

Que nuestros padres nos las contaron.
No las encubriremos a sus hijos,
Contando a la generación venidera las alabanzas de Jehová,
Y su potencia, y las maravillas que hizo.
Él estableció testimonio en Jacob,
Y puso ley en Israel,
La cual mandó a nuestros padres
Que la notificasen a sus hijos;
Para que lo sepa la generación venidera, y los hijos que nacerán;
Y los que se levantarán lo cuenten a sus hijos,
A fin de que pongan en Dios su confianza,
Y no se olviden de las obras de Dios;
Que guarden sus mandamientos.

Salmos 78:1-7

Según puedes ver, discipular a nuestros hijos es principalmente responsabilidad de los padres. Los pastores de jóvenes pueden ayudarnos, pero el discipulado empieza en casa. En el capítulo sobre crecimiento espiritual afirmamos que un discípulo

- está *llamado* a vivir «en» Cristo (salvación, morar en Él);
- está *equipado* para vivir «como» Cristo (crecimiento, transformación);
- es *enviado* a vivir «para» Cristo (amor y hechos).

Esta definición tripartita es una gran estrategia para disciplinar a tus hijos.

En primer lugar, asegúrate de que tus hijos escuchen con regularidad *el evangelio de Jesús que brinda salvación*. Pregúntales en el momento apropiado si les gustaría recibir a Jesús. No hace falta decirlo, pero todo padre cristiano quiere que sus hijos entiendan, vean en acción y acepten el evangelio de Jesús. Solo asegúrate de no delegar esta misión a nadie más. Por supuesto, tu iglesia puede ayudarte, ¡pero este es un tema demasiado importante para no supervisarlo tú mismo!

En segundo lugar, muéstrales con tu ejemplo, y por medio de la instrucción tuya y de otros, cómo vivió Jesús. Anímalos a confiar en Jesús y vivir según su ejemplo en los detalles de la vida.

En tercer lugar, muestra a tus hijos qué es ser un hombre o una mujer de Dios en un mundo que se ha cansado de la palabrería cristiana y anhela ver auténticos ejemplos de cristianismo.

Para el resto de este capítulo te he seleccionado las mejores ideas de todos mis libros, especialmente *El hombre frente al espejo* y *Man Alive.*

Prácticamente hablando, puedes discipular a tus hijos dirigiéndolos en devocionales familiares, alentándolos a hacer devocionales personales y llevándolos a la iglesia.

Dirige los devocionales familiares. Hay algo en poner a tus hijos en contacto con las Escrituras. Durante el año escolar, saca cinco minutos antes que se vayan a la escuela tres o cuatro mañanas a la semana. Cuéntales una historia relevante de acontecimientos actuales o una cita concisa, lee un versículo bíblico, y luego relaciónalo en conjunto.

Termina con un tiempo corto de oración. Pregúntales: «¿A quién conocen que necesita oración hoy día?». Eso inspirará a tus hijos a cavilar un poco en sus oraciones en lugar de tan solo orar así: «Señor, que tengamos un buen día». Diles a tus hijos que pueden dar el devocional cualquier día que tengan algo especial para comunicar.

En mi caso, comencé a hacer los devocionales demasiado largos, lo que hizo que nuestros chicos llegaran tarde a la escuela. Mi esposa sugirió poner un cronómetro. Eso les permitió relajarse y no preocuparse por llegar tarde a la escuela. Quita los veranos porque las horas de dormir son diferentes.

Paga a tus hijos por sus devocionales personales. Paga a tus hijos para que establezcan el hábito de realizar devocionales regulares. Entre cinco y quince minutos por día está bien. Anímalos a utilizar una versión de la Biblia fácil de leer. O déjales usar un devocional para jóvenes si les conviene más.

Es así como lo hicimos:

—Si ustedes hacen un devocional diario al menos durante veinticinco días cada mes, les pagaremos para que compren algo de música.

—Qué bien, papá —respondieron.

—Eso no es todo —agregamos—. Además, si hacen sus devocionales al menos veinticinco días cada mes durante diez de los doce meses, les pagaremos $_____. Pueden dejar de hacerlos durante dos meses y aun así recibir el pago.

Los ojos se les abrieron de par en par.

—Pero hay más todavía. Si siguen haciendo sus devocionales durante doce meses seguidos, duplicaremos la cantidad y les pagaremos $_____. Y todavía tienen que hacerlo solamente veinticinco días cada mes. Y si no lo hacen un día, pueden recuperarlo.

He omitido las cantidades que pagamos, porque pueden variar desde cien dólares, o incluso menos, hasta varios cientos de dólares, dependiendo de tu situación financiera. Lo que importa de veras es que la cantidad se ajuste a tu presupuesto y que para tus hijos sea una cantidad importante.

Cada uno pegó un calendario en el espejo de su baño y marcó con una gran «X» cada fecha en que completaban un devocional. Usamos el sistema de honor.

Podrías estar pensando: *Eso parece soborno.* Te puedo asegurar que nuestros hijos hicieron devocionales regulares durante todo el colegio; ninguno de sus amigos los hizo.

—Papá y mamá, ya no tienen que pagarnos más —expresaron un año—. Seguiremos haciendo los devocionales de todos modos.

Sentirás un gran nivel de satisfacción cuando veas a tus hijos escudriñando las Escrituras por sí mismos.

Lleva a tus hijos a la iglesia. Llevábamos a nuestros hijos a la iglesia porque eso formaba parte de lo que significa ser un Morley. Muchos padres se preguntan: *¿Debemos obligar a nuestros hijos a ir a la iglesia si no quieren ir?* Esto se puede responder mejor con otra pregunta: *¿Debemos obligar a nuestros hijos a ir a la escuela si no quieren ir?*

Llevar preadolescentes a la iglesia no es difícil, pero a veces los adolescentes te dirán que están muy cansados para ir a la iglesia. Si eso se vuelve un problema, transfiere a tus hijos la responsabilidad por estar en la iglesia. Adviérteles: «Si no van a la iglesia, está bien, pero entonces no podrán salir el próximo sábado por la noche».

Eso se puso a prueba una vez en nuestra familia. Nunca volvió a suceder cuando cumplimos con la consecuencia prometida. Seguimos la regla: «Sí, te amo, y no, no puedes hacer las cosas a tu manera».

Pasa tiempo con tus hijos

Jason manifestó: «Siempre quise poder proveer para mi familia, así que empecé una empresa: una empresa de transporte... de un solo camión. Recorridos cortos por la ciudad. Yo era el único empleado. Lo hice porque anhelaba realmente brindar una mejor vida a mi familia, que es mi máxima prioridad. Por eso inicié el negocio con el objetivo de brindar una mejor vida a los míos. Pero entonces el negocio repuntó. Sin darme cuenta, salía de casa antes del amanecer y llegaba por la noche después del anochecer. Una noche llegué a casa. Mi esposa me recibió en la puerta y me contó que mientras acostaba a nuestro hijo Shawn de tres años y medio, él se sentó en la cama y preguntó: "Mamá, ¿dónde vive papá?"».

Al principio Jason rio. Pero tras reflexionar, expresó: «Dios mío. ¡He confundido los fines y los medios! Este negocio iba a ser el medio para alcanzar el fin de proveer para mi familia. Pero en lugar de eso, mi familia se ha convertido en el medio para alcanzar el fin de levantar el negocio. ¿Cómo sucedió esto?».

Jason decidió hacer un cambio y llevar una vida más equilibrada. Tardó dos años en hacerlo correctamente.

Una responsabilidad principal de ser padre es el tiempo. Si no tienes suficiente tiempo para tus hijos, puedes estar completamente seguro de que no estás siguiendo la voluntad de Dios para tu vida.

He aquí varias maneras prácticas en que puedes pasar más tiempo con tus hijos: fijando límites laborales, dándoles tiempo en la forma en que lo desean, saliendo con ellos durante su adolescencia y comiendo juntos.

Fija límites entre el trabajo y la familia. No todo el mundo puede fijar sus propios horarios, pero si puedes hacerlo, este es un gran aspecto que puedes analizar bien. Yo podía, así que decidí no trabajar después de las seis de la tarde de lunes a viernes, no trabajar los fines de semana, y no llevar trabajo a casa. Esto fue difícil, porque me gusta trabajar.

Es así como me discipliné. Todos los días de camino a casa pasaba por sobre un arroyo como a tres minutos de nuestra casa. Antes de llegar al puente me daba permiso para pensar en el trabajo. Pero cuando llegaba a ese punto metía todo eso en una maleta imaginaria, la lanzaba por sobre la baranda y veía mentalmente cómo caía salpicando el riachuelo. Tal ejercicio me concedía tres buenos minutos de preparación para volver a entrar en el mundo de mi esposa y mis hijos.

Debes establecer algunos límites para tus hijos. Determina también algunos para ti mismo, algunos límites laborales, si te es posible. O encuentra un empleo diferente que te permita dedicar tiempo a quien lo merece.

Dedica tiempo a tus hijos del modo en que lo desean. La mejor manera de dar tiempo a tus chicos es darlo de la manera en que quieren recibirlo. Una vez que llegaba a casa, me tomaba quince minutos para cambiarme de ropa, lavarme la grasa del rostro y revisar el correo antes de cenar en familia, y luego también pasaba veinte minutos con Patsy después de la cena para ver qué clase de día había tenido. A continuación, pasaba el cien por ciento de mi tiempo con nuestros hijos hasta que se acostaban.

Cuando nuestros hijos eran jóvenes participábamos en juegos de mesa. Jugábamos repeticiones interminables de *Escaleras y toboganes* y alucinantes rondas de *Candyland*, ambos juegos que requieren el coeficiente intelectual de una lombriz. Más tarde, cuando empezaron a participar en deportes de equipo y lecciones de música, su madre y yo asistíamos a todas sus actividades.

Por tanto, si a tus chicos les gusta participar en juegos de mesa, juégalos con ellos. Si les gusta ir al cine, ve con ellos. Si les gusta el helado y las heladerías, dales gusto. Si les gusta que les leas libros, léeselos. Si quieren jugar videojuegos contigo, juégalos con ellos.

Salir con tus adolescentes. He aquí una reflexión especialmente para padres jóvenes. Tal vez creas que tienes a tus chicos durante dieciocho años, y en cierto sentido, así es. Cuando tus hijos tienen menos de doce años les encanta jugar con su papá. Pero después de esa edad, sus amigos se vuelven muy importantes, así que deberás ser creativo.

Cuando nuestros hijos empezaron a querer pasar más tiempo con sus amigos que con sus padres, empecé a salir con ellos. Tenemos dos hijos, así que todos los martes llevaba a uno de ellos a cenar, y la semana siguiente al otro. Siempre rematábamos yendo a *karting,* al centro comercial, a la heladería o a veces al cine. Los ilusionaba mucho pasar ese tiempo especial con papá.

A excepción de los días festivos y las vacaciones, yo sabía que iba a tener unas veinte noches cada año con cada uno de mis hijos adolescentes. En retrospectiva, la gran mayoría de las conversaciones a solas las hemos tenido en esas salidas nocturnas. ¡Me estremezco al pensar en lo poco que de otra manera habríamos hablado «solo nosotros dos!».

Ten cenas familiares. Algunas investigaciones sugieren que cenar juntos es una de las principales maneras en que los valores familiares se transmiten de una generación a la siguiente. Siempre cenamos juntos como familia. Cuando nuestros hijos eran adolescentes, en ocasiones tenía que persuadirlos a ellos y a sus entrenadores. Se debían hacer concesiones. Unas veces debíamos comer temprano, y otras veces comíamos tarde. En ocasiones teníamos que ir a comer en un Burger King.

Asegúrate de dar un buen ejemplo de discipulado y haz siempre una oración antes de empezar a comer. Da gracias en palabras que llamen la atención a la relación entre la comida y la gracia de Dios en proporcionarla. Esto ayudará a inculcarles un espíritu de gratitud.

Ora por tus hijos

Ya sabes esto, pero tú y tu esposa (y tal vez tus padres) son probablemente las únicas personas en todo el mundo que estarían dispuestos a orar con regularidad por tus hijos. Ora por ellos todos los días. Escribe las áreas por las que oras. Puedes desarrollar tu propia lista o adaptar la mía de *El hombre frente al espejo*:

- Una fe salvadora (agradecer si ya son cristianos)
- Una fe que crece
- Una fe independiente (a medida que crecen)
- Que sean fuertes y sanos en mente, cuerpo y espíritu
- Un sentimiento de destino (propósito)

- Anhelo de ser íntegros
- Un llamado a la excelencia
- Que entiendan el ministerio que Dios tiene para ellos
- Que disponga de tiempo especialmente para ellos
- Que adquieran sabiduría
- Que estén protegidos de las drogas, el alcohol, el sexo prematrimonial
- Por el cónyuge que Dios tiene para ellos (que está en algún sitio y necesita mi oración)
- Para que glorifiquen al Señor en todo[3]

Alienta a tus hijos con palabras

Hay dos declaraciones que todo hijo anhela escuchar, de manera repetida: «Te amo» y «Estoy orgulloso de ti».

Nuestro hijo era el armador de juego en un partido de baloncesto del colegio. Era la primera vez que mi padre y mi madre lo veían jugar. Se hallaban entre mi esposa y yo, con mi madre a mi izquierda inmediata.

—Estamos muy orgullosos de John por la diligencia que ha mostrado, por saber jugar en equipo, por las cualidades de liderazgo que está desarrollando, por su laboriosidad y por todas las cosas buenas que están sucediendo. Estamos muy orgullosos de él —justamente yo le estaba diciendo a mamá.

—¿Sabes? —comentó mamá con nostalgia a nadie en particular, pues en ese momento miraba lo lejos—. Cuando nuestros cuatro hijos crecían, creo que no les decíamos con suficiente frecuencia que estábamos orgullosos de ellos.

---

3. Patrick Morley, *The Man in the Mirror: Solving the 24 Problems Men Face* (1989; reimpr., Grand Rapids: Zondervan, 2014), 138-139. Publicado en español por Vida con el título, *El hombre frente al espejo: Resolviendo los 24 problemas que el hombre enfrenta*.

Al escucharla yo pensaba: *Oye, mamá, yo soy uno de esos cuatro hijos. No tienes que hablar en tercera persona. ¡Me encuentro aquí sentado!*

Entonces el cerebro me explotó y se me partió en dos. Una mitad de mi cerebro quería gritar a pleno pulmón: *¡Así es, eso es correcto! ¡No hiciste eso! ¿Por qué no lo hiciste? Pudiste haberlo hecho. ¡Habría sido muy fácil hacerlo! ¡Tan solo para hacernos saber que estabas orgullosa de nosotros! ¿Por qué no lo hiciste?*

Y luego la otra mitad de mi cerebro quería gritar el segundo pensamiento: *¡No es demasiado tarde, mamá! No lo es. Puedes hacerlo ahora mismo. ¡Este es el momento preciso de decírmelo!*

Para ellos habría sido muy fácil hacer eso; pero desde luego, no tenían idea de cómo hacerlo porque no habían recibido la formación que te estoy dando para discipular a tus propios hijos. Así que allí estaba yo, casi en mis cuarenta años, sufriendo, ansiando, deseando que mamá me dijera que estaba orgullosa de mí.

Es más, no fue sino hasta mis cuarenta y siete años que supe con seguridad que papá estaba orgulloso de mí. Yo lo suponía, pero eso no es lo mismo que escucharlo. Es así como sucedió.

A mis treinta y cinco años anhelé restaurar una relación con mi padre, la que yo había destrozado en mi adolescencia cuando dejé de estudiar. Invité a papá a almorzar en su cumpleaños. Aceptó, y esto se convirtió en una tradición anual.

Cuando llegué a mis cuarenta y siete años, le escribí en su tarjeta de cumpleaños: «Papá, espero que estés orgulloso de mí». Lo observé a través de la mesa mientras él leía la tarjeta y, sin levantar la mirada, manifestó: «Bueno, tú sabes que lo estoy». ¡Eso fue todo lo que recibí! Pero fue electricidad pura. Desencadenó algo dentro de mí.

Amigo, en el nombre de Jesús, te conjuro que les digas todos los días a tus hijos: «¡Te amo!» y «Estoy orgulloso de ti!». Cada día. Todas las veces que puedas. Sé repetitivo. Diles a tus hijos: «Te amo» y «Estoy orgulloso de ti». Una y otra vez.

¿Y si tus hijos ya son adultos? Llámalos hoy (no es suficiente un mensaje de texto o un email), ¡y exprésales cuánto los amas y cuán orgulloso estás de ellos!

Esto tiene precedentes bíblicos. Cuando el Padre vino en la forma del Espíritu Santo en el bautismo de Jesús (Mateo 3:13-17) y también en la transfiguración (Mateo 17:1-8), ¿qué dijo? «Este es mi Hijo amado». *¡Te amo!* «En quien tengo complacencia». *¡Estoy muy orgulloso de ti!*

Así que anima a tus hijos con palabras. Las palabras de aliento son el alimento del corazón, y cada corazón es un corazón hambriento.

HAZ DE TU FAMILIA TU MINISTERIO NÚMERO UNO

Nadie más se preocupa por tu familia como tú. Nadie más puede, o debe, asumir la responsabilidad de discipular a tu familia. Esa es tu responsabilidad.

Tu familia es tu grupo pequeño, grupo de oración, grupo de compañerismo, grupo de discipulado y ministerio más importante. A menos que tu familia esté completamente bien, no deberías dedicarte a un ministerio en ninguna otra parte.

Pero tienes que ser fuerte, y debes fijar límites, porque nuestros hijos en realidad tienen la necedad ligada en sus corazones.

Recuerda, el antídoto para la necedad es el amor incondicional y las normas. Puedes liberar el antídoto ciñéndote a la idea principal de este capítulo: «Sí, te amo, y no, no puedes hacer las cosas a tu manera».

A fin de ayudarte a ser un papá que influya en tus hijos hemos examinado algunas ideas prácticas que pueden ser útiles. Al terminar de leerlas, toma un momento y selecciona las ideas que te interesan, ya sea ahora o más adelante cuando formes una familia, y permite que ese sea tu llamado a la acción para este capítulo.

_____ Amaré bien a la madre de mis hijos.
_____ Los discipularé.
_____ Dirigiré devocionales familiares.
_____ Pagaré a mis hijos por devocionales personales.
_____ Los llevaré a la iglesia.
_____ Pasaré tiempo con mis hijos.
_____ Estableceré límites entre el trabajo y la familia.
_____ Daré tiempo a mis hijos en la manera que quieren recibirlo.
_____ Saldré con mis adolescentes.
_____ Cenaremos juntos como familia.
_____ Oraré regularmente por mis hijos.
_____ Animaré a mis hijos con palabras.
_____ A menudo les diré: «Te amo» y «Estoy orgulloso de ti».

Ruego porque las lecciones en este capítulo produzcan éxito en tu misión. A continuación, ¿por qué crees que las amistades son tan importantes para los hombres? Haz la oración, responde las preguntas, pasa la página, ¡y descubrámoslo!

Amadísimo Padre, acudo humildemente a ti buscando gracia, misericordia y perdón. Vengo delante de ti porque quiero ser todo aquello para lo cual me has creado en esta misión de ser padre. Señor, ayúdame a ser el padre que mis hijos necesitan. Ayúdame a discipular en sus vidas lo que ellos requieren para convertirse en adultos, en cuyos corazones no haya ningún indicio de necedad. Concédeme sabiduría para ayudar a mis hijos a andar en la libertad del evangelio de nuestro Señor y Salvador, Jesucristo, en cuyo nombre oro. Amén.

Preguntas de reflexión y para grupos pequeños

1. Cuando eras niño, ¿te sentiste amado y aceptado de manera incondicional por tu padre, y por qué o por qué no? ¿Cuánta estructura te proporcionó tu padre? ¿Demasiada, muy poca o la correcta? ¿Cómo ha afectado eso a tu propio estilo de crianza?

2. Tu difícil misión como padre cristiano es proporcionar suficientes normas para ahuyentar la necedad y, al mismo tiempo, no dar motivos a tus hijos de que duden de tu amor y que los aceptas incondicionalmente. ¿Por qué es eso un reto? ¿Cómo podría ayudarte realmente a influir la idea principal de este capítulo: «(Sí, te amo, y no, no puedes hacer las cosas a tu manera)»?

3. ¿Crees que tus hijos se sienten incondicionalmente amados y aceptados por ti, y por qué o por qué no? ¿Te brinda esperanza lo que hemos visto en este capítulo? ¿Cuáles de las ideas prácticas seleccionaste como tu llamado a la acción, y por qué?

SEIS

AMISTADES

Encontrar y conservar a amigos piadosos

Amigo hay más unido que un hermano.

PROVERBIOS 18:24

> Lo que realmente te ayudará a largo plazo es encontrar uno o dos amigos, o unirte a un grupo pequeño y compartir la vida junto a unos cuantos hermanos con quienes puedas procesar lo que te sucede.

Mi esposa y yo nos detuvimos en un semáforo junto a un Lamborghini. Abrí la ventanilla para escuchar el estruendo gutural de los tubos de escape del motor de más de setecientos caballos de fuerza. Se prendió la luz verde, y el conductor aceleró.

—¡Vaya! ¿Puedes creer eso? —expresé con no poca admiración.

—No, yo tampoco puedo creer eso —comentó mi esposa mirándome—. Simplemente es demasiado peligroso.

Nuestras esposas pueden ser nuestras mejores amigas, pero existe una razón por la que los hombres y las mujeres se separan en dos grupos en el picnic del Día del Trabajo.

La amistad masculina fue un tema candente en el grupo de análisis de la temática para este libro. Steve captó el espíritu de los hombres con sus preguntas: «¿Cómo desarrollo amistades significativas con otros varones cuando todos estamos tan ocupados? ¿Y sin quitarle tiempo a la familia? ¿Cómo encuentro individuos que estén auténticamente abiertos a la amistad? Los que conozco no parecen interesados».

En este capítulo veremos el papel integral que desempeñan las amistades en el plan de Dios para la hombría, y distinguiremos los aspectos prácticos de cómo iniciar y mantener amistades auténticas. Pero analicemos primero el problema que la amistad debe abordar.

EL PROBLEMA

El mundo caído es una monstruosidad que nunca duerme y que aplasta sin piedad todo lo que encuentra a su paso: nuestros sueños, nuestros planes y nuestras relaciones. Nos defendemos, pero al final nos hace mella la acumulación de miles de críticas, insultos, acusaciones, rechazos, desaires, insinuaciones, faltas de respeto, chismes, ofensas, acoso, menosprecios, separaciones, persecuciones, acorralamientos, ataques y traiciones.

Estamos cansados de los comentarios sarcásticos, lujuriosos, groseros, burdos, ásperos, envidiosos, celosos, arrogantes y pretenciosos que las personas hacen. El proceder vergonzoso, codicioso, poco ético e ilegal de los demás altera nuestras sensibilidades. La interminable avalancha de pruebas, tentaciones, pecados, errores de juicio y fracasos nos agota. Estamos adormecidos por los pensamientos malvados de nuestros corazones delictivos. Estamos plagados de vergüenza y culpa por todas las formas en que les hemos fallado a los demás.

Todo se acumula. Llega un momento en que, sin ayuda externa, todo resulta ser excesivo. Nos desespera ver el mal que las personas son capaces de infligirse mutuamente. Nuestra fe en la humanidad se destruye. Nos volvemos frágiles. Quisquillosos. Nos ofendemos con facilidad. Perdemos nuestra fortaleza. La esperanza se desvanece. La amargura aplasta la poca felicidad que albergaban nuestros corazones. Nuestra voluntad se resquebraja. Somos propensos a retraernos, aunque mantengamos nuestras rutinas diarias. La desesperación se instala. Nos aislamos de los amigos.

Al trabajar con hombres como vocación, a menudo me topo con algunos a quienes la desesperación y el aislamiento han dominado. Como escribí en *Man Alive*, cuando los varones intentan expresar sus dolores y sufrimientos internos (lo que realmente les molesta), de modo invariable mencionan uno o más de siete síntomas preocupantes:

- Siento que estoy solo en todo esto.
- No siento que Dios se preocupe *personalmente* por mí, en realidad no.

- No siento que mi vida tenga propósito. Parece anormal.
- Tengo muchos comportamientos destructivos que me tiran hacia abajo.
- Mi alma se siente seca.
- Mis relaciones más importantes no funcionan.
- Siento que no estoy haciendo nada que sea determinante y que convierta al mundo en un mejor lugar.[1]

Con frecuencia recibo correos electrónicos o llamadas telefónicas de hombres que se encuentran exactamente en esta situación. Tras escucharlos, lo primero que siempre pregunto es: «¿Tienes un mejor amigo, o formas parte de un grupo pequeño?».

En todos los casos, la respuesta es: «No, ¿por qué lo preguntas?». A menudo suelen agregar: «Solía reunirme con un amigo, pero dejamos de hacerlo» o «Pertenecía a un grupo pequeño, pero hace tiempo que no lo frecuento».

Por lo general, puedo ayudarles con el problema en cuestión, pero así los exhorto, y esta es la idea principal para este capítulo: «Lo que realmente te ayudará a largo plazo es encontrar uno o dos amigos, o unirte a un grupo pequeño y compartir la vida junto a unos cuantos hermanos con quienes puedas procesar lo que te sucede».

Un varón nunca es más débil y vulnerable que cuando no tiene uno o dos amigos.

LA IMPORTANCIA DE LA AMISTAD PARA EL EVANGELIO

Estamos hechos para relacionarnos. Una amistad piadosa puede cambiarlo todo. En la amistad, hay una matemática peculiar: las

---

1. Patrick Morley, *Man Alive: Transforming Your 7 Primal Needs into a Powerful Spiritual Life* (Colorado Springs: Multnomah, 2012), pp. 6-7.

alegrías compartidas se duplican, y las tristezas participadas se reducen a la mitad.

La amistad es un tema fundamental de la vida y las enseñanzas de Jesús, quien nos dice que nos apoyemos unos a otros: «Este es mi mandamiento: Que os améis unos a otros, como yo os he amado. Nadie tiene mayor amor que este, que uno ponga su vida por sus amigos» (Juan 15:12-13).

En realidad, amarse unos a otros es la evidencia de nuestra identidad como discípulos: «En esto conocerán todos que sois mis discípulos, si tuviereis amor los unos con los otros» (Juan 13:35).

Cuando el mundo te derriba, Jesús nos presenta el antídoto: amigos piadosos. Cuando Jesús acudió a la tumba de su amigo, Lázaro, se sintió profundamente conmovido. Una vez quitada la piedra que cubría la tumba, Jesús oró. Y después declaró «a gran voz: ¡Lázaro, ven fuera! Y el que había muerto salió, atadas las manos y los pies con vendas, y el rostro envuelto en un sudario. Jesús les dijo: Desatadle, y dejadle ir» (Juan 11:43-44).

Jesús le devolvió la vida a Lázaro, pero cuando este salió de la tumba, aún estaba atado con vendas. En lugar de quitárselas él mismo, lo que pudo haber hecho con facilidad, Jesús les dijo a los *otros* amigos de Lázaro: «Quítenle las vendas del sepulcro y terminen de liberarlo».

La historia de Lázaro es una historia verídica acerca de un hombre real. Pero también es una metáfora de un hombre derrotado por el mundo. El monstruo le había pasado por encima, aplastándole sueños, esperanzas y relaciones. Lázaro se encuentra agobiado. Apartado. Aislado. Solitario. Espiritualmente muerto.

O quizás peor, como el león del zoológico en el prólogo de este libro, es alguien que ha aceptado su situación.

La única esperanza *real* para alguien así es que Jesucristo, el amigo de pecadores, sea su compañero, lo resucite y disponga que algunos amigos lo despojen de sus ropas sepulcrales.

Los amigos no son el plan B de Dios. Son su plan A. Jesús resucitará a un hombre de entre los muertos, pero luego les concederá a sus amigos el gozo, el privilegio y la responsabilidad de liberarlo por completo.

Clark Miller, uno de los directores regionales en nuestro ministerio, *Man in the Mirror*, se reunía con un grupo pequeño de hombres. Durante una reunión semanal en que analizaban las conductas destructivas, los dividió en grupos de tres o cuatro hombres y los animó a hablar francamente del lastre que los estaba reprimiendo. «¿Qué es aquello que ha estado carcomiéndote y que no has podido comunicarle a un amigo verdadero? Hemos estado juntos como grupo durante mucho tiempo, así que vamos a abrirnos un poco los unos con los otros». O, en otras palabras, ayudémonos a despojarnos de las mortajas que nos paralizan.

Un hombre mayor que no hablaba mucho se sinceró por primera vez, y declaró: «Mi hermana menor fue violada cuando solo tenía cinco años de edad». Luego siguió explicando que, como hermano mayor de ella, en alguna manera siempre se había sentido responsable por lo sucedido. El anciano concluyó: «Esta es la primera vez en sesenta y cinco años que he hablado del asunto».

De pronto, algo se disipó. La ropa del sepulcro se desprendió. El hombre fue liberado porque los demás hermanos se mostraron realmente amables y preocupados por él. Clark explicó: «A partir de esa reunión toda su personalidad cambió. Se liberó en forma dramática y se sintió conmovido. Pudo hablar del asunto en tal manera que se curó».

Ya hemos analizado que el mundo te derribará. La única pregunta es si enfrentarás esto solo.

¿TIENES UNO O DOS AMIGOS ASÍ?

¿Qué puedes obtener de un amigo que no puedas conseguir de otro modo? Mira cómo la Biblia describe los beneficios de la amistad, pero también observa por qué necesitamos amigos en primer lugar.

- *Los amigos piadosos te fortalecerán.* «Mejores son dos que uno; porque tienen mejor paga de su trabajo. Porque si cayeren, el uno levantará a su compañero; pero ¡ay del solo! que cuando cayere, no habrá segundo que lo levante. También si dos durmieren juntos, se calentarán mutuamente; mas ¿cómo se calentará uno solo? Y si alguno prevaleciere contra uno, dos le resistirán; y cordón de tres dobleces no se rompe pronto» (Eclesiastés 4:9-12).
- *Los amigos piadosos te aman sí o sí.* «En todo tiempo ama el amigo, y es como un hermano en tiempo de angustia» (Proverbios 17:17).
- *Los amigos piadosos están a tu lado cuando los necesitas.* «El hombre que tiene amigos ha de mostrarse amigo; y amigo hay más unido que un hermano» (Proverbios 18:24).
- *Los amigos piadosos son fieles y confiables.* «Muchos hombres proclaman cada uno su propia bondad, pero hombre de verdad, ¿quién lo hallará?» (Proverbios 20:6).
- *Los amigos piadosos se rinden cuentas mutuamente.* «Fieles son las heridas del que ama; pero importunos los besos del que aborrece» (Proverbios 27:6).
- *Los amigos piadosos se ofrecen mutuos consejos sinceros.* «El ungüento y el perfume alegran el corazón, y el cordial consejo del amigo, al hombre» (Proverbios 27:9).
- *Los amigos piadosos se discipulan entre sí.* «Hierro con hierro se aguza; y así el hombre aguza el rostro de su amigo» (Proverbios 27:17).
- *Los amigos piadosos se restauran unos a otros.* «Hermanos, si alguno fuere sorprendido en alguna falta, vosotros que sois espirituales, restauradle con espíritu de

mansedumbre, considerándote a ti mismo, no sea que tú también seas tentado» (Gálatas 6:1).

- *Los amigos piadosos llevan unos las cargas de los otros.* «Sobrellevad los unos las cargas de los otros, y cumplid así la ley de Cristo» (Gálatas 6:2).

¿Y tú? ¿Tienes uno o dos amigos como los descritos en estas Escrituras? ¿Amigos que harían cualquier cosa por ti, de los que puedes llamar a las dos de la mañana y acudirían de inmediato? ¿Tienes un amigo con quien puedas hablar temas confidenciales? ¿Tienes un amigo que se preocupa lo suficiente como para llamarte la atención cuando te sales de la raya? ¿Tienes un amigo para discipulado, crecimiento, rendición de cuentas y oración? ¿Tienes un amigo que te oiga, te escuche de veras, cuando el mundo te agobia, o te hayas vuelto un desastre?

Un amigo verdadero es alguien que estará contigo cuando te declares en bancarrota, te divorcies, te esclavices a las drogas o el alcohol, tengas un fracaso moral, pierdas tu empleo o tengas que tratar con un hijo descarriado.

Unos pocos amigos verdaderos pueden compensar una multitud de desilusiones. Prestemos atención a cómo encontrar, y mantener, un puñado de estos amigos piadosos. Las amistades pueden disfrutarse en forma individual o en grupos pequeños. He aquí las pautas sobre cómo iniciarlas.

Amistades de tú a tú

Cómo iniciar una reunión semanal personal

Digamos que Daniel y tú podrían congeniar. ¿Cómo averiguarías si él pudiera llegar a ser tu amigo? ¡Lo primero que debes saber sobre cómo iniciar una amistad es qué *no* se debe hacer! *No violes el proceso de las relaciones.* He aquí cómo *no* hacerlo:

«Hola, Daniel, ¿cómo te va, mi hermano? Escucha, realmente me caes bien. Estoy buscando una nueva amistad, un amigo cercano, un aliado verdadero; alguien a quien entraría a salvar en un edificio en llamas y viceversa. Alguien que pueda ser un amigo fiel, a fin de que podamos ser sinceros, francos, auténticos, vulnerables y transparentes el uno con el otro. Hablaríamos desde lo más profundo de nuestras almas.

»Así que, Daniel, me preguntaba si serías ese amigo para mí. Nos apoyaremos mutuamente. Seremos grandes amigos de por vida. Tal como Jonathan y David. Iremos de vacaciones con nuestras familias y pasaremos tiempo cada uno en casa del otro. Nos reuniremos con regularidad y nos rendiremos cuentas. ¿Qué te parece, Daniel, serías mi mejor amigo?».

Es evidente que algo así espantaría por completo a Daniel. Hay un proceso en las relaciones. La primera vez que vi a mi esposa no me le acerqué y le dije: «Hola, Patsy, ¿cómo te va? ¿Te gustaría casarte conmigo?». ¿Por qué? Porque eso obviamente habría violado el proceso de las relaciones.

En lugar de eso, le dije: «Hola, Patsy. Soy Pat. ¿Te gustaría salir el viernes por la noche?». La invité a salir, le pedí una cita. Ella se negó, pero esa es una historia para un libro diferente. Al final lo logré, y congeniamos.

¿Cuál sería entonces el primer paso apropiado para encontrar un nuevo amigo? Sería ver si puedes concertar una cita. «Hola, Daniel, ¿podríamos tomar juntos un café en algún momento?».

Mientras toman el café, es normal que se evalúen mutuamente. Desearás saber: *¿Cuál es el carácter de este hombre? ¿Qué aprendo de él por lo que dice y por cómo vive?*

Si sientes que lo del café salió bien, podrías preguntar: «¿Te gustaría que nos volviéramos a reunir en un par de semanas? Me encantaría saber más acerca de tu familia» o «Veo que tenemos un interés común en correr. ¿Por qué no salimos a correr alguna vez?».

Si él contesta: «Lo siento, no tengo mucho tiempo por ahora», está bien. Debes tener en cuenta que cada individuo es limitado y tiene capacidad restringida. Si por cualquier razón a la persona no le interesa, ve con el siguiente candidato y repite el proceso.

Tienes que ser deliberado y quien tome la iniciativa. ¿Por qué? Porque la mayoría de los hombres no son así. Son muy pasivos en cuanto a hacer amistades. ¡Así de sencillo! He observado esto durante toda mi carrera empresarial y ministerial. Generalmente hablando, los varones no toman la iniciativa en hacer amistades.

Sin embargo, supongamos que él dice: «Por supuesto, salgamos a correr». Si después de reunirse unas cuantas veces sientes que los dos congenian, sugiere que empiecen a reunirse en forma semanal. Podrías decir algo así: «Mira, he estado deseando crecer en mi fe. ¿Qué te parece si empezamos a reunirnos semanalmente?».

El proceso no tiene por qué ser largo e interminable. En realidad, si ya conoces bastante bien a un hombre, puedes incluso empezar por preguntarle acerca de una reunión semanal. Eso es lo que sucedió cuando comencé a reunirme con Ken. Es así como sucedió.

Tom Skinner ya era uno de mis mejores amigos. Era orador, y en varias ocasiones le oí decir: «La fuerza más poderosa en el mundo es una relación». Un día nos retó a un grupo: «Si quieres cambiar tu ciudad, no tienes que organizar una cruzada entre todos sus pobladores. En lugar de eso, busca otro varón y conviértete para él en aquello que te gustaría que fuera tu ciudad. Eso creará un modelo tan atractivo que otras personas se sentirán atraídas».

Eso me llegó hasta lo más profundo del alma, y me emocioné. Comencé a pensar en los varones que conocía, y Ken fue uno de los primeros que recordé. Ya íbamos juntos a la iglesia, formábamos parte de un grupo de matrimonios en una casa y disfrutábamos la compañía mutua. Así que, tras regresar a casa, me acerqué a Ken en la iglesia y, después de explicarle cómo Tom nos había retado, le dije:

—Ken, ¿qué te parece si nos reunimos una vez por semana para tener compañerismo y orar? ¿Quién sabe? Tal vez podríamos llegar a ser mutuamente aquello en lo que nos gustaría que se convirtiera esta ciudad.

—¡Claro que sí! Me parece estupendo —exclamó Ken.

Este es el mismo Ken en la historia al principio del capítulo 1. Literalmente todo lo que he hecho, sea en el negocio o en el ministerio, lo consulté primero con Ken. Él se convirtió en mi amigo, mi confidente y animador. Me aconsejaba. También me hacía ver de buena manera cuando se me ocurría una idea realmente ridícula. Orábamos por todo.

La amistad en el mundo del sentido común

La cantidad de amistades que tengas depende por completo de ti, pero como ejemplo, te cuento que durante la mayor parte de mi vida adulta, he mantenido dos reuniones semanales con amigos individuales y un grupo de hombres con quienes nos reunimos de modo semanal, quincenal y a veces mensual.

Si estás casado, empieza con tu esposa, aunque ambos sepan que hay «cosas de hombres» y «cosas de mujeres» para las que cada uno obtendrá más ayuda de alguien del mismo sexo. Después, desarrolla amistades con tus hijos adultos si es posible. Más allá de la familia, cualquier amistad del tipo «comunicarse lo que realmente está pasando» debe ser solo entre personas del mismo sexo.

¿Cómo sabes si alguien es de veras un amigo en todo momento? Exploremos algunos de los aspectos que lo diferenciarían de tu círculo de amistades. Para empezar, hay una enorme diferencia entre un conocido y un amigo, y todos sabemos de qué se trata. También hay una profunda diferencia entre un amigo cercano y un círculo de amigos. La mayoría de nosotros hemos tenido un círculo de amistades que puede incluir hasta cincuenta o más personas. Pero no hay forma de que puedas recordar mucho acerca de cincuenta amigos.

En cambio, un amigo en todo momento conoce los nombres de tus hijos. Comen juntos. Sus familias se han reunido.

Cada uno ha estado en la casa del otro. Se reúnen o hablan en forma regular. Las redes sociales son una excelente manera de mantenerse al día con tu círculo más amplio de amigos y conocidos, pero tus amigos verdaderos quieren mirarte a los ojos y pasar el rato contigo.

La mayoría de las amistades son circunstanciales y se encuentran «por el camino». La amistad masculina deja un sello característico único, ya que la mayoría de los hombres organizan reuniones en torno a tareas, no a relaciones. A diferencia de las mujeres, los varones necesitan una «razón» para reunirse.

En la práctica, la mayor parte de nuestras relaciones son circunstanciales. Tendemos a identificarnos con algún interés común, como actividades de los hijos, un estudio bíblico en la iglesia, el gimnasio, los deportes o un pasatiempo. A menudo, las amistades masculinas más cercanas son entre compañeros de trabajo. Luego una, dos o tres de ellas se extenderán más allá de eso en una amistad de largo plazo.

En cierta ocasión, el doctor Ben Carson hablaba para nosotros en Indianápolis, y viajamos juntos por avión al evento. Surgió el tema de las amistades. El Dr. Carson comentó:

—En realidad creo que un hombre sería afortunado de tener dos o tres amistades realmente cercanas en toda su vida.

—¿Y tú? —le pregunté.

—Un hombre me escribió una carta hace veinte años en que me decía que admiraba mi trabajo —respondió—. Él vivía en Pittsburgh y me dijo que si alguna vez yo iba por allí, pasara a verlo. Así que cuando fui a Pittsburgh lo hice. ¡Hubo una conexión inmediata! ¡Y hemos sido amigos durante veinte años!

—¿Qué significa eso? —le pregunté.

—Significa que nuestras familias van juntas de vacaciones y que nos hemos reunido todas las Navidades como familias durante veinte años.

La otra manera de hacer amistades profundas es estar en un grupo pequeño de hombres. Es así como le ocurrió a Brian.

Un grupo pequeño de hombres

La iglesia de Brian anunció una reunión de un grupo de hombres. Él no quería ir, pero estaba tan mortificado que no sabía a dónde más recurrir, así que decidió intentarlo.

En la reunión se mantuvo apartado, evitando todo contacto hasta donde le fue posible. Uno de los varones, Wayne, director de zona de *Man in the Mirror*, notó su lenguaje corporal nervioso y cómo sus ojos recorrían rápidamente el salón.

—Pareces incómodo —le dijo a Brian—. ¿Puedo preguntarte qué estás buscando? Tal vez pueda ayudarte.

—No, no puedes ayudarme —contestó Brian—. Nadie puede. Estoy tratando de ver si alguien aquí está tan arruinado como yo.

La respuesta de Brian fue reveladora.

—Si tienes paciencia esta noche —le ofreció Wayne—, creo que vas a escuchar algunas historias que te sorprenderán y animarán.

Eso calmó lo suficiente a Brian como para sentarse.

La noche comenzó con un video sobre la necesidad de que los hombres se despojen de sus cargas. A continuación, un hombre se levantó y contó su historia acerca de cómo Dios había llegado hasta su vida quebrantada, le renovó la fe, le restauró el matrimonio y le dio un nuevo comienzo. Varios varones más se acercaron durante un tiempo de micrófono abierto y contaron historias similares.

Casi al final de la reunión, Wayne vio a Brian levantándose de su asiento y caminar hacia el micrófono. Brian respiró profundo y contuvo el aliento, pero no le salieron las palabras. Los hombros comenzaron a agitársele en un sollozo silencioso. Varios hombres se levantaron de sus asientos para rodearlo. Uno estaba orando. Más hombres se apiñaron a su alrededor. Pusieron las manos en los hombros de Brian. Pronto, todos los varones en el salón lo rodearon.

Brian no dijo ninguna palabra en el micrófono esa noche. La siguiente vez que Wayne vio a Brian, sus movimientos nerviosos habían desaparecido. Su mirada había dejado de recorrer el salón.

—¿Qué es diferente ahora? —le preguntó Wayne.

—Ahora mi vida es diferente —contestó Brian—. Jesús me ha perdonado. Encontré un grupo de hermanos en esta iglesia que no me juzgaron y que me aceptaron. Finalmente puedo respirar.

Respirar. Definitivamente. Gracias a Cristo.

Si aún no estás en un grupo pequeño, puedes hacer que incorporarte a un grupo sea tu llamado a la acción para este capítulo.

Podrías, por ejemplo, unirte a un grupo pequeño existente. Puede ser solo de hombres, matrimonios, solteros (hombres y mujeres) o una combinación de ellos. Los grupos que incluyen mujeres son buenos, he ido a varios, pero también hay un vínculo sin igual que se desarrolla cuando hombres hablan solo entre sí. Por tanto, si participas en un grupo que incluye mujeres, separa a los hombres y las mujeres una vez al mes para hablar entre varones.

¿Y si no encuentras ningún grupo? Eso en realidad es muy probable. Por eso aquí te damos una guía para que empieces tu propio grupo pequeño de varones. E incluso si ya perteneces a un grupo, los principios presentados serán un excelente repaso para mantener fresco y fuerte tu grupo existente.

Cómo iniciar y mantener un grupo pequeño semanal de hombres

1. *Primero, haz una lista de los hombres que te gustaría tener en tu grupo*. Calcula que será necesario preguntar a dos o tres

hombres por cada puesto en tu grupo. Ora por sus nombres. Pídele a Dios que te dé nombres en quienes normalmente no pensarías.

2. *Después decide qué clase de grupo quieres liderar.* Podrías esperar y tomar una decisión grupal, pero es probable que esta se desmorone. Los líderes dirigen, y a los hombres les gusta eso. Existen muchos tipos diferentes de grupos pequeños, pero la mayoría será una combinación de los siguientes:

- *Grupos de estudio y discusión bíblica* para leer y analizar la Biblia o libros (entre seis y doce hombres; recuerda: ¡doce se han usado antes con éxito!).
- *Equipos de servicio y misión* para realizar proyectos de servicio y alcance (cualquier cantidad).
- *Grupos de apoyo* para oración, rendición de cuentas, compañerismo o temas específicos como adicciones (entre dos y seis hombres).
- *Equipos deportivos* (cualquier cantidad).

3. *Decide cuándo, dónde y con qué frecuencia quieres reunirte.* Los viernes por la mañana son una buena opción porque muchos hombres intentan volver a la ciudad para entonces, y este es a menudo un buen día para ponerse al corriente. Si todos tus hombres son de la misma iglesia, podrías reunirte los domingos, la noche de un día laborable, o una mañana durante la semana en la iglesia. Hay reuniones de grupos de hombres en iglesias, cubículos, salones de conferencias y restaurantes en todos los Estados Unidos. A un amigo le gusta decir: «El mayor estudio bíblico de hombres en el país está en las cafeterías Panera Bread». La mayoría de los grupos suelen reunirse semanalmente, pero muchos grupos exitosos se reúnen cada quince días o una vez al mes.

4. Luego invita a los hombres a una reunión informativa para hablar sobre el grupo pequeño. Elige la hora y el lugar, e intenta que dure una hora, pero no más de noventa minutos. Cuando invites a los hombres:

- Explícales lo que intentas conseguir y por qué.
- No les pidas que hagan compromisos a largo plazo.
- A menos que tengas una firme convicción de lo contrario, diles que inicialmente se reunirán durante cuatro, seis u ocho semanas (elige un número), y después decidirán como grupo a dónde ir a partir de ese momento.
- Permite amablemente que los individuos declinen tu ofrecimiento.

Primera reunión

La primera reunión es informativa.

Provee café, té y rosquillas o sodas y galletas.

El tiempo de reunión no debe ser de más de noventa minutos.

Comienza a tiempo y abre con una breve oración.

Primeros cinco a diez minutos: Menciona (otra vez) tu propósito de querer comenzar un grupo pequeño. Dales a los hombres una oportunidad de comentar tu propuesta escrita de «Declaración de propósito» para el grupo pequeño. Escríbela de antemano y ponle «P-R-O-Y-E-C-T-O» en la parte superior. Ellos apreciarán que se les pregunte y tendrán un sentido más fuerte de pertenencia.

Cuarenta minutos siguientes: Dependiendo de cuántos hombres tengas, pídele a cada uno que hable brevemente durante tres a cinco minutos sobre dónde está hoy en su viaje espiritual y qué le gustaría «darle al grupo y recibir de él».

Cinco minutos: Inspíralos con tu visión para el grupo. Anímalos. No vayas demasiado lejos ni violes el proceso de las relaciones.

Sé consciente de que la mayoría de los hombres no se lanzarán hasta que hayan tanteado el terreno durante algunas semanas (o meses).

Últimos cinco minutos: Distribuye los materiales para la reunión inicial, confirma cuándo y dónde se realizará, y cierra con una breve oración.

Cómo liderar un debate eficaz

He aquí algunas lecciones duramente aprendidas sobre cómo liderar un debate eficaz:

- «Tiempo de uso de la palabra para cada hombre cada semana». Asegúrate de que los participantes tengan espacio para hablar.
- Debes hacer que el varón silencioso hable sin hacerlo sentir incómodo. Siente su ritmo. Si no está listo para hablar, no intentes obligarlo. Pídele en privado al hombre que más habla que te ayude a hacer que los demás también participen.
- No hables más del 25% del tiempo. Si se hace silencio cuando haces una pregunta, no intentes llenar el espacio.
- Haz preguntas con un final abierto, no las que se puedan responder con sí o no. En lugar de preguntar: «¿Tienes problemas para tomar buenas decisiones?», pregunta: «¿Qué clase de decisiones te resultan difíciles, y por qué?».

Otras sugerencias para ser eficaz

Es preferible que llames a tus hombres cada semana, o por lo menos envíales un correo electrónico o un mensaje de texto para recordarles la reunión y expresar tu deseo auténtico de verlos. Debes asegurarte de que sientan que te interesas más por ellos como personas que por el simple hecho de tener sillas ocupadas. *Este es un punto determinante.*

Haz que la reunión parezca un tiempo familiar, no de trabajo (ni como un deber más que cumplir, sino un lugar donde se sienta el amor y la aceptación, sin importar las meteduras de pata). *Este también es un punto determinante.*

Un grupo pequeño es muchas cosas, incluido un hospital para hombres que tienen las alas rotas. Haz de tu grupo un *lugar seguro* para ellos. No los presiones a que se ajusten a ciertos comportamientos. Por el contrario, muéstrales a Cristo. Adopta el credo «largo plazo, baja presión».

Asegúrate de terminar a tiempo; los hombres valoran la puntualidad.

Una vez que tu grupo comience a consolidarse, organiza una salida social para parejas. Dedica cinco horas por semana a tu grupo como tu ministerio personal (incluye tiempo de reunión, llamadas telefónicas y mensajes de texto, visitas personales, consejería a hombres, etc.). Invita a cada participante a un café o a una comida al menos una vez al año si se trata de un grupo de larga duración.

Si el tuyo es un grupo pequeño que no está asociado con ninguna iglesia, anima a tus hombres a participar activamente en una iglesia que haga discípulos. He visto que demasiados hombres usan nuestro estudio bíblico como un sustituto para la iglesia, y sus familias han sufrido en gran manera por eso.

Selección de recursos para grupos pequeños

Estudios bíblicos: Si dispones de tiempo, aptitud e interés, puedes desarrollar tu propio plan de estudios.

Estudios de libros: Me sorprende vez tras vez cómo un hombre se aferra a un libro, y luego Dios usa ese libro para aferrarse al hombre. No creo en la literatura cristiana porque yo escriba libros; escribo libros porque creo en la literatura cristiana. ¡Los libros cambian vidas! Una de las maneras más eficaces de iniciar un grupo pequeño es estudiar un libro con preguntas de análisis para cada capítulo. Puedes comenzar utilizando este libro.

¿Qué hace que un grupo dure?

El valor es lo que hace que un grupo perdure, más específicamente, la percepción del valor. Cada vez que un hombre aparece en la reunión, ha decidido no hacer algo más. La mayoría de los hombres tienen muchas alternativas, por lo que tu grupo pequeño tiene que superar la «prueba de necesidades reales y sentidas» o no perdurará.

¿Qué les parece valioso a los hombres? La vida puede ser brutal. Todos los días los hombres deben dirigir sus vidas en contra de la caída. Puesto que la vida es tan difícil, es necesario animarlos. Ellos necesitan un abrazo de parte de Dios. Necesitan el toque humano. Y esto mientras visten la piel del solitario.

¿La mega respuesta? Sentir que importan a alguien más. Recibir cuidado crea el valor, que captura el impulso, que sustenta el cambio. Los hombres acudirán si sienten que te interesas de veras por ellos. Si no, pronto se alejarán, pero casi nunca te dirán por qué.

Sabrás que has tenido éxito cuando escuches a hombres indicar cosas como: «Realmente siento que mi grupo se interesa por mí personalmente», «El líder se asegura de que yo tenga la oportunidad de expresar mis pensamientos» y «Es increíble cómo mi vida está cambiando».

CONCLUSIÓN

Oro para que encuentres uno, dos o tres personas que sean amigos en todo momento. Debido a que nuestra gran idea es realmente cierta, lo que te ayudará a largo plazo es encontrar uno o dos amigos, o unirte a un grupo pequeño y compartir la vida junto a hermanos con quienes puedas procesar lo que te sucede.

En el próximo capítulo responderemos la pregunta: «Al ser un hombre cristiano, ¿cómo debo pensar acerca de mi trabajo?».

Amadísimo Padre celestial, vengo ante ti humildemente. Señor, no quiero estar solo ni sentirme solo. Sé que me creaste para experimentar relaciones. Señor, ayúdame a tomar la iniciativa. Ayúdame a encontrar esos amigos en todo momento que me ayuden a superar esta multitud de desilusiones que atravieso en la vida. Y ayúdame a ser un amigo en todo momento para otros. Señor, para aquellos que ya tenemos amigos así, que tal vez hoy sea el día en que simplemente les digamos: «Muchas gracias por ser mi amigo». En el nombre de Jesús oro. ¡Amén!

Preguntas de reflexión y para grupos pequeños

1. ¿Cuántos amigos cercanos tienes, de aquellos que puedes llamar a las dos de la mañana y acuden con rapidez? ¿Puedes dar un ejemplo?

2. Hemos visto muchos pasajes bíblicos en este capítulo. ¿Cuáles son los ingredientes bíblicos de una verdadera amistad que hemos descrito? ¿Cuáles te parecen más atractivos, y por qué?

3. ¿Estás contento con tu situación de amistad íntima, y por qué o por qué no? ¿Cuál debería ser tu llamado a la acción, si es que lo hay? ¿Qué ideas has aprendido, o te han hecho recordar, que pueden ayudarte a desarrollar amistades íntimas?

SIETE

TRABAJO

¿Cómo debo pensar acerca de mi trabajo?

No hay cosa mejor para el hombre sino que coma y beba, y que su alma se alegre en su trabajo. También he visto que esto es de la mano de Dios. Porque ¿quién comerá, y quién se cuidará, mejor que yo?

ECLESIASTÉS 2:24-25

No existe mejor sensación que la de creer: «Esto es lo que se supone que debo estar haciendo, aquí y ahora, aunque sea difícil».

Un viernes por la tarde recogí mi auto después que le hicieron mantenimiento en el concesionario. Me hallaba en la caja.

—¿Cómo te ha ido esta semana? —le pregunté a Christopher, el representante de mantenimiento con quien he establecido una gran relación en los últimos tres años.

—Bueno, estoy sobreviviendo —contestó suspirando y encogiendo los hombros.

—Estoy seguro de que es un reto —le comenté—, pero al menos tienes un trabajo que será determinante en la historia del mundo.

Christopher no me miró como si yo estuviera fuera de mis cabales. En realidad, parecía curioso, por lo que le expliqué:

—Todas estas personas traen aquí sus autos para que les hagan mantenimiento y así tener un transporte confiable para ir a trabajar, donde ganarán el dinero con que pagan la comida, las cuotas del auto, el alquiler o la hipoteca, la educación de los hijos, la atención médica y mucho más. Tú estás en la primera línea para asegurarte de que eso suceda.

Hice una pausa para que Christopher analizara lo que estaba diciéndole.

—Y luego están todas las madres que dependen de ti para asegurarse de que sus vehículos funcionen adecuadamente y así poder llevar con seguridad a sus hijos a la escuela, a sus eventos deportivos y a sus actividades extraescolares. Imagina por un momento lo que pasaría sin ti. Los autos de las personas dejarían de funcionar; no tendrían forma de arreglarlos; no podrían ir a trabajar; sus hijos no irían a estudiar; les sería imposible pagar sus cuentas… sería algo catastrófico.

—¿Sabes? —exclamó Christopher—, nunca lo había pensado de esa manera. ¡Supongo que mi trabajo en verdad es determinante!

Estoy seguro de que Christopher ya sentía que su trabajo valía la pena. Pero también creo que adquirió una nueva perspectiva acerca de lo importante que es su empleo en el esquema más amplio de cosas.

No existe mayor sensación que la de creer: «Esto es lo que se supone que debo estar haciendo, aquí y ahora, aunque sea difícil». Esa es la gran idea para este capítulo.

¿Tienes ese sentimiento? Nada es más normal que encontrar satisfacción en nuestro trabajo:

> He aquí, pues, el bien que yo he visto: que lo bueno es comer y beber, y gozar uno del bien de todo su trabajo con que se fatiga debajo del sol, todos los días de su vida que Dios le ha dado; porque esta es su parte. Asimismo, a todo hombre a quien Dios da riquezas y bienes, y le da también facultad para que coma de ellas, y tome su parte, y goce de su trabajo, esto es don de Dios.
>
> *Eclesiastés 5:18-19*

Y nada es más insoportable que un trabajo que no nos gusta. Mi primer trabajo de «empresa», después de cortar césped y de ayudar a mi padre durante un par de veranos, fue en el departamento de frutas y verduras de Publix Super Markets durante mi último año de secundaria. El problema era que me encantaba el Publix (y me sigue gustando), pero no me gustaban las frutas y verduras. Cada día mi tarea era monótona. Era una agonía involucrarme en el trabajo porque no lo disfrutaba ni lo encontraba satisfactorio.

En este capítulo exploraremos de dónde viene ese sentimiento de satisfacción, cómo se consigue y qué puedes hacer si no lo tienes. Ya hemos hablado de equilibrio. Ahora es el momento de motivarnos en nuestro horario de *trabajo* y de liberar a los hombres para que cumplan con todas las tareas, por insignificantes que sean, ¡como agentes de Cristo para la gloria de Dios!

Los veinticuatro hombres que determinaron que el «trabajo» era un tema imprescindible para incluirlo en este libro plantearon inquietudes como: «Paso gran parte de mi vida en el trabajo. ¿Cómo puedo encontrar maneras de seguir creciendo en mi trabajo? ¿Cómo puedo construir una carrera dinámica que sea determinante en el mundo, mientras proveo para mi familia?».

¿Es el trabajo algo que hacemos para ganar dinero y poder llevar a cabo lo que es realmente importante, o hay un valor espiritual intrínseco en el trabajo en sí?

TEOLOGÍA DEL TRABAJO

Pocos hombres tienen una «teología» del trabajo. Es una lástima, porque la mayoría de nosotros pasamos en el trabajo la mitad de nuestras 112 horas de vigilia cada semana, si incluimos los momentos de preparación y conducción. ¡La mitad de nuestra vida!

Todo concepto noble en el mundo laboral se ha extraído directamente de la Biblia, se trate de excelencia, integridad, visión, liderazgo, planificación, ejecución, servicio excepcional y muchos otros aspectos. Es más, podrías enseñar la mayor parte del método de casos de estudio en Harvard Business School sacándolo del libro de Nehemías. Sin embargo, muchos hombres se verían en apuros para explicar lo que los cristianos creen respecto al trabajo, así que comencemos por ahí.

¿Qué debemos creer acerca del trabajo?

Fuiste creado para hacer un trabajo real que marque una verdadera diferencia.

Sea que empaques verduras, arregles computadoras, pongas clavos en un techo, ejerzas abogacía, vendas bienes raíces o hagas cualquier otra cosa, es una labor importante. Trabajar no es tan solo algo que soportamos a fin de ganar dinero con el cual pagar lo que queremos realmente hacer cuando no estamos atareados.

El trabajo tiene un valor intrínseco. Si trabajas en Home Depot, cuando agarras una escalera y sacas del estante superior un producto que le entregas a una ama de casa que no puede alcanzarlo, el cristianismo proclama que hay valor intrínseco en ese acto.

¿Por qué creemos esto los cristianos? Se debe a un pasaje del Antiguo Testamento conocido como «el mandato cultural». Además de traer el reino a nuestra cultura, Dios nos llama a cuidar esa cultura como mayordomos de su creación; este es «el mandato cultural». Dios nos ha delegado el dominio sobre su creación como un deber sagrado. He aquí el pasaje clave de las Escrituras:

> Creó Dios al hombre a su imagen, a imagen de Dios lo creó; varón y hembra los creó. Y los bendijo Dios, y les dijo: Fructificad y multiplicaos; llenad la tierra, y sojuzgadla, y señoread en los peces del mar, en las aves de los cielos, y en todas las bestias que se mueven sobre la tierra.
>
> *Génesis 1:27-28*

Trabajar es parte de nuestro ADN. Dios nos *diseñó* para hacer un buen trabajo en la tierra y nos encomendó que cuidáramos de todo lo que creó. ¡Qué privilegio y qué encargo tan maravillosos!

El trabajo es un llamado para el cual Dios te ordenó.

Dios no solo nos llama a la salvación. También nos llama a trabajar. Dios le *ordenó* a Adán el trabajo agrícola. Lo designó, dándole responsabilidades y autoridad: «Tomó, pues, Jehová Dios al hombre, y lo puso en el huerto de Edén, para que lo labrara y lo guardase» (Génesis 2:15).

Si eres abogado, estás ordenado como abogado. Si eres guardia forestal, estás ordenado como guardia forestal. Si eres socorrista, estás ordenado como socorrista. Si manejas un autobús, estás ordenado como conductor. Si eres un representante de servicio en un concesionario, estás ordenado como representante de servicio.

Toda profesión tiene dignidad.

El primer trabajo del mundo fue agrícola. Hay dignidad en cada trabajo, porque este marca una diferencia. Basta con preguntar a alguien que haya vivido una huelga de recogedores de basura.

Mike Rowe fundó la serie de televisión *Trabajos sucios.* Durante una entrevista en un programa dominguero, él explicó qué lo llevó a participar en la serie: «Para mí, como grupo, había un nivel de satisfacción laboral que era innegable y sorprendente. Y tiene que ver con la capacidad para completar una tarea».

También comentó: «La gran lección en *Trabajos sucios* fue que hay muchísima gente que hace un trabajo muy importante al que nadie le presta atención afirmativa».[1]

Después de esa entrevista comencé a observar a los hombres alrededor de mí que hacían trabajos sucios. Nuestro exterminador de plagas, Charles, se sigue manteniendo fuerte después de cuarenta años en el empleo. Le encanta su trabajo y deja un residuo de alegría, además de insecticida esparcido, una vez al mes. Brinda un servicio genuino y valioso. Si alguna vez has tenido un problema de insectos, sabes que este es un trabajo que realmente importa.

Casi al mismo tiempo debimos reemplazar nuestro tanque séptico. Aunque el trabajo se hizo en solo un par de días, el proceso de obtención de permisos duró dos meses. Si no crees que este sea un trabajo determinante, ¡intenta vivir con un pozo séptico inservible durante dos meses! Esos obreros lo entendieron. Desde el primer día, todos los que trabajaron en nuestra casa se

1. «Mike Rowe: *Dirty Jobs* Reached Same People as Donald Trump's Campaign», *Meet the Press*, NBC News, 11 de diciembre de 2016, www.youtube.com/watch?v=33h2mgrY_ZI.

mostraron entusiastas y sinceros por lograr que volviéramos a la normalidad. Les produjo gran satisfacción personal cuando por fin echaron la última palada de tierra sobre nuestro campo de drenaje reparado.

Toda profesión es sagrada para el Señor.

La Biblia no hace distinción entre vocaciones sagradas y seculares. Si tienes una concordancia bíblica y buscas en ella todas las referencias a la palabra *secular*, ¿cuántas crees que vas a encontrar? Ninguna, porque la palabra *secular* no aparece en la Biblia. No existe tal cosa como un trabajo secular.

Toda profesión es sagrada. La Biblia habla mucho de la santidad de la profesión.

El trabajo es duro a causa de la caída.

Una vez le pregunté a Bill Bright, fundador de un gran ministerio universitario llamado *Campus Crusade for Christ* (conocido ahora como *Cru*), y quien viajaba constantemente, qué porcentaje de su trabajo era difícil. Respondió: «Noventa por ciento de lo que hago es difícil, pero es exactamente lo que se debe hacer». Oprah Winfrey declaró en cierta ocasión: «Las personas creen que mi vida es fabulosa y glamorosa, y sí es maravillosa. Pero alrededor del 80% de ella es muy difícil».

El trabajo vino primero, y fue bueno. Pero a causa de la caída, debemos hacer nuestro trabajo mientras sentimos el pinchazo de las espinas. Ya vimos este pasaje bíblico en el capítulo del matrimonio, pero veámoslo de nuevo desde la perspectiva de nuestro trabajo:

> Al hombre dijo: Por cuanto obedeciste a la voz de tu mujer, y comiste del árbol de que te mandé diciendo: No comerás de él; maldita será la tierra por tu causa; con dolor comerás

> de ella todos los días de tu vida. Espinos y cardos te producirá, y comerás plantas del campo. Con el sudor de tu rostro comerás el pan hasta que vuelvas a la tierra, porque de ella fuiste tomado; pues polvo eres, y al polvo volverás.
>
> *Génesis 3:17-19*

El trabajo no es solo una plataforma para el ministerio; *es* el ministerio.

Todo lo que hacemos glorifica a Dios. Por ejemplo, si eres un agente en la puerta de embarque de una aerolínea o un empleado en un café bar, todo cliente es una ocasión para demostrar el carácter de Jesucristo. Si eres un gerente, todo conflicto entre dos empleados representa una oportunidad para modelar el amor de Cristo. El apóstol Pablo escribió: «Si, pues, coméis o bebéis, o hacéis otra cosa, hacedlo todo para la gloria de Dios» (1 Corintios 10:31).

En otras palabras, no solo toleras el trabajo que realizas hasta la hora del almuerzo para luego hacer lo que *realmente* importa, como hablar de tu fe con un compañero de trabajo mientras consumen tacos. Eso es fabuloso, pero si no has hecho bien tu trabajo de ocho a doce, en realidad no vas a tener credibilidad de doce a una.

Puesto que hay un valor intrínseco en el trabajo en sí, este no solo es una plataforma para el ministerio. El trabajo mismo *es* el ministerio. Eso es lo que produce el sentimiento de «Esto es lo que se supone que debo estar haciendo, aquí y ahora, aunque sea difícil».

Toda interacción es una oportunidad para glorificar y honrar a Cristo.

Si eres un mesero y tienes una pareja sentada en una de tus mesas, no sabes por qué están allí. Podrían estar celebrando su aniversario, o tal vez esta sea una salida semanal, o quizás no hayan salido en veinte años. No lo sabes, pero esa pareja sentada en tu lugar de trabajo es una oportunidad para que glorifiques y honres a Jesucristo, diciendo con una sonrisa: «Buenas noches. Qué bueno tenerlos aquí. Me complace realmente atenderlos». El mismo espíritu se aplica si estás poniendo cuatro neumáticos nuevos a un auto o entregando un electrodoméstico.

El plan de Dios es que realicemos nuestro trabajo de todo corazón como representantes de Jesucristo:

> Siervos [empleados], obedeced en todo a vuestros amos terrenales, no sirviendo al ojo, como los que quieren agradar a los hombres, sino con corazón sincero, temiendo a Dios. Y todo lo que hagáis, hacedlo de corazón, como para el Señor y no para los hombres; sabiendo que del Señor recibiréis la recompensa de la herencia, porque a Cristo el Señor servís.
>
> *Colosenses 3:22-24*

Está bien, e incluso es deseable, que te sumerjas de lleno en hacer un gran trabajo. Es apropiado declarar: «¿Les gustó la comida? ¿Puedo ofrecerles un postre? Ha sido un placer tenerlos hoy como nuestros huéspedes». En realidad, no tienes que pronunciar la palabra «Jesús» para traerle gloria y honor.

Siempre que no se trate de algo poco ético o ilegal, debes hacer lo que te digan o te pidan. Ojalá lo hicieran de manera respetuosa.

Siempre hay un propósito superior para el trabajo que realizas.

Dios instrumenta de manera soberana todos los acontecimientos humanos, incluso el trabajo al que ahora mismo tal vez no le encontremos mucho sentido. Lo hace para llevarnos a una relación correcta con Él y entre nosotros mismos.

Si la Biblia tuviera subtítulo, uno bueno sería *El Padre amoroso busca incesantemente una relación con sus hijos*. Nuestros trabajos son espacios vitales para reconciliarnos con Dios y unos con otros. Estos trabajos que tenemos no son fortuitos. Dios no es arbitrario. Él usa nuestros trabajos, y el modo en que los realizamos, tanto para cuidar la cultura (el mandato cultural) como para cimentar el reino (la Gran Comisión).

Hacer bien tu trabajo es de por sí un testimonio.

Como ya dijimos, el trabajo tiene un valor intrínseco. No obstante, el trabajo bien realizado nos brinda una gran oportunidad de reflejar favorablemente la fe cristiana: «Os rogamos, hermanos… que procuréis tener tranquilidad, y ocuparos en vuestros negocios, y trabajar con vuestras manos de la manera que os hemos mandado, a fin de que os conduzcáis honradamente para con los de afuera, y no tengáis necesidad de nada» (1 Tesalonicenses 4:10-12).

Es bueno disfrutar tu trabajo y encontrarlo satisfactorio.

> Así, pues, he visto que no hay cosa mejor para el hombre que alegrarse en su trabajo, porque esta es su parte; porque ¿quién lo llevará para que vea lo que ha de ser después de él?
>
> *Eclesiastés 3:22*

> He aquí, pues, el bien que yo he visto: que lo bueno es comer y beber, y gozar uno del bien de todo su trabajo con que se fatiga debajo del sol, todos los días de su vida que Dios le ha dado; porque esta es su parte. Asimismo, a todo hombre a quien Dios da riquezas y bienes, y le da también facultad para que coma de ellas, y tome su parte, y goce de su trabajo, esto es don de Dios.
>
> *Eclesiastés 5:18-19*

Toda persona anhela ser feliz. Y cada una se siente más feliz, más viva y más útil cuando realiza el tipo de trabajo para el que fue creada, incluso mientras siente el pinchazo de las espinas.

Debemos tomar el trabajo en serio.

Le pregunté a Jamie, una brillante mujer de unos treinta y cinco años con quien trabajo en el ministerio de varones, qué observaciones tenía sobre el trabajo y los hombres en su grupo de edad. Lo que expresó es demasiado bueno como para no dejarlo en sus propias palabras:

> Los universitarios recién graduados tienen menos oportunidades laborales de que obtengan un empleo estable y sus prestaciones. Esto empieza a considerarse un factor a la hora de pensar en trabajar. La realidad es que hay enormes préstamos estudiantiles con ofertas de empleos mal pagados para amortizarlos. Hoy día es común que la gente cambie varias veces de profesión. Eso difiere mucho de ser lo ideal.
>
> Las personas se casan más tarde, tienen hijos más tarde. Menos responsabilidad significa menos presión y obligación para permanecer en un buen trabajo con prestaciones. La gente alquila en lugar de comprar, viaja, tiene citas y prueba sus propias ideas de empleo autónomo. La lucha por la satisfacción y la necesidad de encontrarse consigo mismo hace que sea más difícil establecerse en un lugar de trabajo.
>
> Hay menos presión para ser sustentadores porque las mujeres se emplean. Más que encontrar un empleo que sea significativo, hay presión por encontrar uno bien pagado. La ambición tiene otro aspecto.
>
> Para muchos, no se trata de trabajar. Muy *pocas veces* una amiga me ha dicho que tiene problemas porque su marido trabaja demasiado o por su obsesión con ganar dinero y tener éxito. Un

amigo mutuo manifestó: «Me cuesta encontrar equilibrio entre trabajar en exceso y tratar de recordar lo que más importa. Mi mujer nunca me ha dicho: "Ojalá trabajaras más horas" o "Quisiera que no estuvieras tanto tiempo en casa conmigo y los niños"».

Un treintañero de nuestra oficina añadió que muchos de sus compañeros dedican cantidades excesivas de tiempo en deportes «masculinos», videojuegos, ocio al aire libre, etc. Estas son actividades sanas y divertidas, pero no para hacerlas a expensas de la familia y el trabajo.

Todos queremos y necesitamos momentos de inactividad y tiempo de varones, pero nuestras familias también nos necesitan; requieren que las dirijamos, las protejamos y proveamos para ellas.

Si esto te resulta bastante conocido, considera este consejo del apóstol Pablo en cuanto al trabajo:

> Os ordenamos, hermanos, en el nombre de nuestro Señor Jesucristo, que os apartéis de todo hermano que ande desordenadamente, y no según la enseñanza que recibisteis de nosotros. Porque vosotros mismos sabéis *de qué manera debéis imitarnos; pues nosotros no anduvimos desordenadamente* entre vosotros, ni comimos de balde el pan de nadie, *sino que trabajamos con afán y fatiga día y noche, para no ser gravosos a ninguno de vosotros*; no porque no tuviésemos derecho, sino *por daros nosotros mismos un ejemplo para que nos imitaseis*. Porque también cuando estábamos con vosotros, os ordenábamos esto: Si alguno no quiere trabajar, tampoco coma. Porque oímos que algunos de entre vosotros andan desordenadamente, no trabajando en nada, sino entremetiéndose en lo ajeno. A los tales mandamos y exhortamos por nuestro Señor Jesucristo, que *trabajando sosegadamente, coman su propio pan*.
>
> *2 Tesalonicenses 3:6-12*

El trabajo es un sitio dónde hacer planes y construir el futuro, pero en oración y sumisión total a la voluntad de Dios.

El pecho de cada individuo palpita con un deseo intenso de llevar una vida más significativa, de encontrar la causa de la que hablamos en el capítulo 1. La mayor necesidad innata de un hombre es ser importante: encontrar significado y propósito en la vida, marcar una diferencia, lograr algo con su existencia. Tiene sentido, entonces, que los hombres tengan ambiciones.

Lo que diferencia realmente a un hombre de otro es la forma en que cada uno busca su importancia. Podemos buscarla en modos apropiados e inapropiados. La diferencia no está en lo que hacemos, sino en por qué lo hacemos; o sea, en nuestras motivaciones.

> ¡Vamos ahora! los que decís: Hoy y mañana iremos a tal ciudad, y estaremos allá un año, y traficaremos, y ganaremos; cuando no sabéis lo que será mañana. Porque ¿qué es vuestra vida? Ciertamente es neblina que se aparece por un poco de tiempo, y luego se desvanece. En lugar de lo cual deberíais decir: Si el Señor quiere, viviremos y haremos esto o aquello.
>
> *Santiago 4:13-15*

Fíjate en que el pasaje bíblico no dice que no hagamos planes, sino todo lo contrario. Dice que los hagamos, pero en sumisión a la voluntad de Dios. La sumisión es lo que puede protegerte de tu ambición excesiva.

¿Crees que has estado buscando importancia en la manera correcta? En última instancia, a fin de lograr un éxito que realmente importe, cada uno de nosotros debemos equilibrar nuestro deseo por el éxito vocacional con nuestras demás prioridades, a saber, Dios, nuestras esposas y nuestros hijos.

Precaución: Como hombres tendemos a compartimentar nuestras familias cuando estamos en el trabajo, pero no nuestro trabajo cuando estamos con nuestras familias. Nuestros cuerpos están en casa, pero nuestras mentes siguen en el trabajo. Lograr un equilibrio adecuado entre el trabajo y la familia es fundamental para conseguir verdadera felicidad.

CÓMO ENCONTRAR UN TRABAJO SATISFACTORIO

¿Qué ocurre si tú o alguien que te importa no puede afirmar con entusiasmo: «Esto es lo que se supone que debo estar haciendo aquí y ahora, por difícil que sea»? De no ser así, ¡piensa en cambiar de trabajo!

He aquí una carta que le escribí a Robert con un montón de lecciones duramente aprendidas que pueden ayudarte o ayudar a un amigo a encontrar ese empleo satisfactorio. Y aunque no estés «en el mercado» para un nuevo trabajo, esta sección definitivamente te da ideas prácticas que te ayudarán a pensar en tu llamado profesional, «ganarte el respeto de los de afuera» y «encontrar satisfacción en… la obra que se hace debajo del sol».

Querido Robert:

Gracias por contarme tu lucha por encontrar un nuevo trabajo. No es fácil hallar un nuevo trabajo que nos produzca satisfacción. La búsqueda puede crear muchos momentos de ansiedad.

Estoy orando porque Dios te bendiga con una ocupación que te agrade, una que te haga sentir más feliz, más enérgico y más útil.

Por supuesto, existe una urgencia. Hay cuentas por pagar, una esposa a quien mantener feliz e hijos que alimentar. Sin embargo, lo que me gustaría hacer es pedirte que por un momento dejes a un lado la urgencia. He aquí algunas reflexiones generales que puedes considerar.

Equilibrio

Te he observado a lo largo de los años, Robert. Quien te obtenga, conseguirá un buen empleado. Saldría bendecido, pues eres un gran trabajador. No obstante, lo que quiero animarte a considerar es un trabajo que te permita llevar una vida más equilibrada.

Siempre andas a toda prisa. Sin embargo, me dijiste que deseabas tener más tiempo para pasar con el Señor y con tu esposa y tus hijos. Lo que te sugiero es que encuentres una posición que te permita, por ejemplo, disponer de tiempo para meditar en frases bíblicas en vez de salir corriendo temprano a cumplir un compromiso. O que te permita terminar temprano para ver jugar a tu hijo.

Cuando alguien me pregunta: «¿Cómo estás?», espero poder contestar: «Ocupado y equilibrado». Estar ocupado es bueno. Estar ocupado y equilibrado es mejor. Solo es una idea, pero como tu amigo, creo que te vendría bien un poco más de equilibrio. ¿Por qué no usas esto como una oportunidad para lograrlo?

Mencionaste por teléfono que ha sido difícil para ti discernir lo que Dios podría estar diciéndote. Si recuerdo correctamente, dijiste: «No quiero salirme de la voluntad de Dios. No confío en mí mismo». Pero ¿cómo lograr eso? He aquí algunas sugerencias.

Sensación de misión y llamado

Recuerda que todo trabajo es sagrado para el Señor. Busca un empleo que te dé un sentido de misión, una sensación de que formas parte de algo que hará del mundo un lugar mejor. Si se trata de conducir un camión de reparto, entonces debes saber que formas parte de un sistema internacional de transporte de productos que mejora la calidad de vida de millones de personas. Tu empresa permite que las familias tengan dignidad, obtengan un ingreso respetable, dispongan de prestaciones de salud y satisfagan necesidades sociales.

Hacer que tu empleo sea más que «solo un trabajo» significa aportar la actitud laboral correcta. No solo busca un empleo mejor, sino una posición que te ayude a cumplir el llamado de Dios en tu vida.

Cómo estás programado

He aquí tres grupos de palabras que pueden ayudarte a identificar qué tipos de labores te motivarán y estimularán. Para cada grupo encierra en un círculo la palabra con la que más te identificas. Toma aquí una decisión rápida. No la analices. Sigue tu primer impulso.

1. Visionario	Planificador	Operador
2. Innovador	Adaptador	Adoptador
3. Diseñador	Desarrollador	Administrador*

*Adaptado de los términos de Bobb Biehl.

Como puedes ver, estas son grandes pistas sobre las clases de trabajo que pueden atraerte. Por ejemplo, si eres operador, te volvería loco que alguien te pidiera que redactaras el proyecto. Si eres encargado de mantenimiento, tal vez te guste administrar propiedades, pero quizás no arquitectura. Si eres innovador, te sentirías sofocado en un ambiente que no te permita ser creativo.

¿Cómo estás programado? ¿Qué te dice eso sobre ti y las clases de oficios que te satisfarían a largo plazo?

Consideraciones prácticas

He aquí algunas preguntas prácticas para ayudarte a seleccionar el puesto adecuado:

1. ¿Cuáles son tus necesidades sociales? A todos nos gusta cierto nivel de interacción social. Podrían gustarte las personas, pero quizás no demasiada interacción social. En ese caso, te convendría un puesto que te dé algo de espacio. No, por ejemplo, atención al cliente.
2. ¿Cuáles son tus necesidades de salud/estrés? Algunas personas crecen en empleos de alta presión. La mayoría no. Si en tu primer vistazo a un trabajo ves indicios de que involucra mucho estrés, ¿imagina qué? Será más estresante un mes después. Busca un empleador del siglo XXI que no quiera «poseerte». Busca uno que te honre como ser humano y te ayude a llevar una vida equilibrada.
3. ¿Cuál es tu objetivo profesional a largo plazo? Tal vez descubras que no estás calificado para hacer lo que realmente te gusta. En ese caso, quizás necesites formación adicional. Si es así, no aceptes una posición que no te permita obtenerla. Si tienes una meta que requiera capital o mucha experiencia, como por ejemplo tener una empresa o enseñar en una universidad, entonces tal vez debas cumplirla por etapas. Aplica el pensamiento de largo plazo en un mundo de corto plazo.

Algo inesperado

Hay una pregunta a la cual prestar atención. Suponiendo que el tiempo y el dinero no fueran problema, ¿qué harías si pudieras hacer todo lo que te gustaría? Ahora pregúntate: ¿Es realmente una idea tan descabellada? ¿Qué ajustes tendrías que hacer? ¿Valdría la pena? ¿Qué opina tu esposa? ¿Habrá alguna vez un momento mejor para hacer esto? Tal vez no. No te preguntes: «¿Por qué?», sino: «¿Por qué no llevarlo a cabo?».

Ministerio Ocupacional

Siempre que un hombre piadoso cambia de trabajo, es común que se le ocurra pensar: *Me pregunto si debería dedicarme al ministerio*. La respuesta técnica es que todo trabajo es ministerio. Tu ministerio es levantar el reino y cuidar la cultura. Eso incluye no solamente las empresas espirituales, sino también las vocaciones «en el mundo». Algunos podrían ser llamados, pero para la mayoría se trata de un pensamiento triste y fugaz. A menos que no puedas ser feliz si no estás en el ministerio, tal vez sea una idea interesante pero no un llamado.

Conclusión

Robert, espero que esto te haya sido útil. Aquí están las inquietudes que te he planteado en esta carta. ¿Por qué no pasas unos minutos meditándolas? [Y tú, querido lector, ¿por qué no haces lo mismo con el llamado a la acción de este capítulo?].

- ¿Cómo estás programado?
- ¿Qué te dice eso acerca de ti y de las clases de puestos de trabajo que te satisfarían a largo plazo?
- ¿Cuáles son tus necesidades sociales?
- ¿Cuáles son tus necesidades de salud/estrés?
- ¿Cuál es tu objetivo profesional a largo plazo?
- Suponiendo que el tiempo y el dinero no fueran problema, ¿qué harías si pudieras hacer todo lo que te gustaría? ¿Por qué no llevarlo a cabo?

Tu amigo de siempre,
Pat

CONCLUSIÓN

No existe mejor sensación que la de creer: «Esto es lo que se supone que debo estar haciendo, aquí y ahora, aunque sea difícil». Esta idea, cuando se entiende por completo y se cree en forma auténtica, puede cambiarlo todo.

Espero que, al igual que Christopher, ya sepas que tu trabajo vale la pena. Pero también espero que hayas obtenido o renovado una perspectiva bíblica (una teología del trabajo) acerca de lo importante que es tu trabajo en un contexto más amplio. Estarás más satisfecho cuando entiendas por completo y creas de veras estas verdades:

- Fuiste creado para hacer un trabajo real que marque una diferencia histórica.
- El trabajo es un llamado para el cual estás ordenado por Dios.
- Toda profesión tiene dignidad.
- Toda profesión es sagrada para el Señor.
- El trabajo es difícil a causa de la caída.
- El trabajo no es solo una plataforma para el ministerio; *es* el ministerio.
- Cada interacción es una oportunidad para glorificar y honrar a Cristo.
- Siempre hay un propósito superior para el trabajo que realizas.
- Hacer bien tu trabajo es de por sí un testimonio.
- Es bueno disfrutar tu trabajo y encontrarlo satisfactorio.
- Debemos tomar el trabajo en serio.
- El trabajo es un lugar para hacer planes y construir el futuro, pero en oración y sumisión total a la voluntad de Dios.

Mucho después que hayas olvidado los detalles de lo que hemos estado enseñando en este capítulo, ruego porque te guíen los valores cristianos que hemos analizado. Espero que veas que el trabajo que realizas *es* el ministerio, es decir que será determinante en la historia del mundo.

He aquí una oración para que concluyas este capítulo:

Padre celestial, gracias por el don de un trabajo placentero, aunque sea difícil, y en especial porque la mitad de nuestras horas de vigilia están dedicadas a nuestros trabajos. Señor, en este capítulo se ha presentado una comprensión bíblica del trabajo, una teología laboral. Oro porque selles este entendimiento en mi mente. Siempre que no disfrute mi trabajo, ayúdame a utilizar las ideas en «Cómo encontrar un trabajo satisfactorio», a fin de hallar uno que me haga sentir feliz, activo y útil para la gloria y la alabanza de Jesús. Amén.

* * *

En el próximo capítulo profundizaremos en uno de los temas más confusos del planeta: la lujuria. Este capítulo te dejará boquiabierto. ¿Por qué? Porque no vamos a espiritualizar la lujuria, ni a limitarnos a decir lo que es correcto de manera política y religiosa. Le apuntaremos a la verdad, la verdad bíblica. Pero antes que nada, responde, por favor, las preguntas.

Preguntas de reflexión y para grupos pequeños

1. La gran idea para este capítulo es: «No existe mejor sensación que la de creer: "Esto es lo que se supone que debo estar haciendo, aquí y ahora, aunque sea difícil"». ¿Te sientes así, y por qué o por qué no?

2. ¿Cuál ha sido tu teología laboral? ¿Qué has aprendido en este capítulo, o qué te ha recordado, en cuanto a las visiones bíblicas del trabajo, que crees que tendrá una gran influencia en ti?

3. Suponiendo que el tiempo y el dinero no fueran problema, ¿qué harías si pudieras hacer todo lo que quisieras?

OCHO

LUJURIA

La forma correcta de tratar con este poderoso impulso

Oísteis que fue dicho: No cometerás adulterio.
Pero yo os digo que cualquiera que mira a una mujer
para codiciarla, ya adulteró con ella en su corazón.

MATEO 5:27-28

La solución práctica a la lujuria (y otras inmoralidades sexuales) para la mayoría de los hombres es casarse y disfrutar el sexo de manera regular con su esposa.

En una conferencia lejos de casa, varios pastores fueron a almorzar juntos y los atendió una mesera espectacularmente hermosa y sensual. Se podía sentir en el aire el crepitar de la energía sexual.

Fue tan intensa la tentación lujuriosa que sintió cada uno de los hombres, que debieron susurrar su pedido mirando fijamente el menú para no verla. Cuando la mujer se dirigió a la cocina para llevar los pedidos, todos se quedaron en silencio con la mirada fija en sus manteles individuales.

El anciano Mark Rutland contó la historia en nuestro grupo de estudio bíblico, y nos informó que finalmente rompió el silencio en su inimitable manera.

—Bueno, Dios hizo los cielos y la tierra —expresó.

—Así es —asintieron todos.

—Y Dios también hizo todo lo que hay en ellos —afirmó otra vez él.

—Sí, así es —concordaron sus acompañantes.

—Y también a toda la humanidad la hizo Dios —continuó él.

—Sí, Dios hizo a la humanidad —repitieron todos al unísono.

Entonces el anciano pastor asintió con la cabeza hacia la puerta de la cocina por donde acababa de desaparecer la mesera.

—Y Dios hizo cierta humanidad estupenda —expresó—, ¿no es así?

Todos rieron, y el hechizo se rompió. Nadie dijo una palabra, pero cuando miraron alrededor de la mesa pudieron verlo en los ojos de cada uno. *Lo sentí cuando ella se acercó a la mesa, ¿lo sentiste tu? Sí, lo sentí. Te perdono. ¿Me perdonas? Sí, te perdono. ¿Estás bien? Sí, estoy bien.* Y se acabó. Pero sucedió. Sucedió porque eso es lo que les sucede a los hombres.

Si aun los pastores pueden ser tentados tan fácilmente a tener pensamientos lujuriosos, algo debe quedar muy claro: ningún hombre es inmune ante la tentación de la lujuria. Alguien lo declaró así: «Mis tres mayores tentaciones son el dinero, el orgullo y los bikinis». Cualquier hombre que afirma que no lucha con la tentación de la lujuria está mintiendo. Así de sencillo.

EL PROBLEMA

La atracción sexual es una de las fuerzas primarias más poderosas que Dios ha creado. Todo varón la siente, sin lugar a dudas. Usado como Dios desea, el sexo es hermoso, e incluso sagrado.

Aunque no es exactamente una novedad, vivimos en una cultura que glorifica la lujuria y la inmoralidad sexual. Es algo generalizado. En nuestra cultura saturada de sexo, es casi imposible ver o leer una historia interesante que no contenga al menos pornografía suave (imágenes eróticas o provocativas predestinadas a excitar), como simular relaciones sexuales bajo las sábanas.

Tampoco es novedad que nuestro apetito sexual es uno de los deseos humanos más fácilmente corrompidos y difíciles de domar. Por eso en este capítulo clarificaremos lo que la Biblia dice acerca del sexo y la lujuria, analizando algunos aspectos que pueden ser nuevos para ti o, como mínimo, aclarar cierta confusión.

Responderemos preguntas como: ¿Cuál es la diferencia entre «mirar» y «desear»? ¿Qué tiene de malo mirar? ¿Cuándo mirar se convierte en desear? ¿Qué es la lujuria? ¿Por qué la lujuria es pecado? ¿Cuál es la diferencia entre la tentación de la lujuria y la lujuria?

No es agradable hablar de la lujuria. No en público, y sin duda tampoco en compañía mixta, por lo que las iglesias no suelen hablar de este tema.

Personalmente, no recuerdo haber escuchado una enseñanza o un sermón sobre la lujuria más allá de «No lo hagas». Entiendo. Es incómodo. Es más, siempre me ha sido muy difícil enseñar en profundidad este material en el estudio bíblico *Man in the Mirror* hasta que, básicamente, ¡me vi obligado a hacerlo como parte de mi preparación para escribir este capítulo!

Por eso, a lo largo de este segmento, profundizaremos en las ideas bíblicas y prácticas que nos harán sentir más preparados y confiados para tratar con la lujuria de la manera correcta.

Sin embargo, si hemos de solucionar los problemas creados por la corrupción del sexo, primero debemos comprender cómo es el sexo no corrompido.

DISEÑO DE DIOS PARA EL SEXO

El sexo es el don de Dios para que un hombre y una mujer casados puedan tener hijos y disfrutar intimidad física mutua. No obstante, si has decidido permanecer soltero, ya sea por ahora o para siempre, creo que también te alentarán las ideas en este capítulo.

El pasaje que se ocupa del sexo en manera más exhaustiva es 1 Corintios 7:1-9. Pablo establece allí los límites para el sexo sagrado en respuesta a las preguntas planteadas en una carta de los cristianos de Corinto. Pablo respondió sobre el sexo fuera del matrimonio: «En cuanto a las cosas de que me escribisteis, bueno le sería al hombre no tocar mujer, *pero a causa de las fornicaciones…*» (1 Corintios 7:1-2).

Lo primero que vemos es que la inmoralidad sexual no es nada nuevo. Igual que entonces, así es ahora. Los niveles de testosterona no se han disparado de repente. Los pecados sexuales han estado ocurriendo en todas las generaciones. Pablo continuó: «Cada uno tenga su propia mujer, y cada una tenga su propio marido».

El matrimonio es el diseño de Dios para el sexo. Observa las palabras *esposa* y *esposo*. Pero espera, ¡hay más! Pablo siguió diciendo que las personas casadas deben tener sexo con regularidad:

> El marido cumpla con la mujer el deber conyugal, y asimismo la mujer con el marido. La mujer no tiene potestad sobre su propio cuerpo, sino el marido; ni tampoco tiene el marido potestad sobre su propio cuerpo, sino la mujer.
>
> *1 Corintios 7:3-4*

Lo cual nos lleva a la gran idea para este capítulo: la solución práctica a la lujuria (y otras inmoralidades sexuales) para la mayoría de los hombres es casarse y disfrutar el sexo de manera regular con su esposa.

Pablo amplió esto con más detalles: «*No os neguéis el uno al otro,* a no ser por algún tiempo de mutuo consentimiento, para ocuparos sosegadamente en la oración; y volved a juntaros en uno, *para que no os tiente Satanás a causa de vuestra incontinencia*» (1 Corintios 7:5).

No sé cómo podría ser más claro. Si has elegido el matrimonio, Satanás te tentará si no tienes sexo con regularidad. Si quieres hacer «ayuno de sexo», puedes hacerlo, pero solo de mutuo acuerdo y no por mucho tiempo. Para ser francos, si no estás excitado es más probable que puedas ejercer autocontrol.

En resumen, nuestro diseño sexual es una fuerza primordial y poderosa. Tener relaciones íntimas regulares con nuestras esposas es la solución bíblica para bloquear la corrupción de ese diseño por inmoralidad sexual, incluida la lujuria.

Pablo también ofrece consejo sexual a los solteros. Atípico es el hombre que, como Pablo, está llamado al celibato. El apóstol lo recomienda, pero rápidamente aclara que es mejor casarse que «que estarse quemando [lujuria]»:

> Mas esto digo por vía de concesión, no por mandamiento. Quisiera más bien que todos los hombres fuesen como yo; pero cada uno tiene su propio don de Dios, uno a la verdad de un modo, y otro de otro. Digo, pues, a los solteros y a las viudas, que bueno les fuera quedarse como yo; *pero si no tienen don de continencia, cásense, pues mejor es casarse que estarse quemando.*
>
> *1 Corintios 7:6-9*

Después que la esposa de Kevin se divorció malévolamente, él se dedicó a beber, a frecuentar bares y a la promiscuidad. Terminó viviendo con una mujer. Kevin declaró: «Sé que esto no es correcto. Pero simplemente no puedo controlar mis pasiones. Estoy ardiendo de lujuria. Necesito casarme». Aunque vivía en pecado, lo reconoció y finalmente hizo lo correcto:

> *Si alguno piensa que no está tratando a su prometida como es debido* y ella ha llegado ya a su madurez, por lo cual él se siente obligado a casarse, que lo haga. Con eso no peca*; que se casen.*
>
> *1 Corintios 7:36*, NVI

Casarse y tener relaciones sexuales con regularidad es el diseño de Dios para canalizar nuestro deseo sexual. ¡Debemos saber eso! Sin embargo, este no es un capítulo sobre cómo tener buen sexo, sino sobre cómo lidiar con los pensamientos lujuriosos.

Todo hombre está programado por Dios para apreciar todo tipo de belleza: amaneceres, vistas de montañas, recién nacidos, fútbol, etc. Pero la mujer pertenece a una categoría totalmente distinta y exclusiva. Como G. K. Chesterton dijo: «Conservarse para una mujer, es poco precio para lo mucho que es ver una mujer».[1]

---

1. G. K. Chesterton, *Ortodoxia* (México: Porrúa, 2007), p. 33.

Pensar en sexo es normal. Es biología. Las investigaciones son vagas y poco fiables, pero un estudio descubrió que los hombres piensan en sexo diecinueve veces al día en promedio.[2]

Dios no pone límites al sexo; sí los pone a la inmoralidad sexual. Distingamos entre qué es lujuria y qué no lo es.

¿QUÉ *NO ES* LA LUJURIA?

En el relato de David y Betsabé, está claro que Dios quiso preservar una historia que respondiera muchos de los interrogantes que los hombres tienen acerca de la lujuria.

El modo principal en que los varones experimentamos atracción y excitación sexual es por medio de la vista. Una noche, el rey David no podía dormir. Se paseaba por la azotea de su palacio cuando vio a una mujer, una muy hermosa, bañándose en la azotea de la casa de otro hombre. Hasta aquí no hay ningún problema. Él no salió a su azotea a mirar a una mujer desnuda para excitarse sexualmente (siempre y cuando eso sea cierto, y creo que razonablemente podemos suponer que lo es). Este es un punto muy importante: *ver no es buscar, mirar no es desear.*

Luego David sintió atracción. Eso sigue siendo normal. Sea que te sorprenda una mesera sensual, la estudiante vestida en forma provocativa que atrae tu atención en el gimnasio, una escena sexual que no buscaste o cualquier otra señal visual, no es un pecado. La atracción es esencial para la procreación y perpetuación de nuestra especie.

El sexo, por supuesto, está en todas partes. Pero en nuestro momento cultural, la seducción es ineludible. Estamos

---

2. Véase Alexis C. Madrigal, «How Often Men Think about Sex», *Atlantic*, 23 de junio de 2014, www.theatlantic.com/technology/archive/2014/06/how-often-men-think-about-sex/373230.

bombardeados. El rostro de una mujer bien formada que camina por la calle nos viene a la mente, o una modelo con poca ropa que aparece de pronto mientras vemos lo que debería ser una inofensiva fuente de noticias. Pero estas imágenes ingresan en nuestras mentes como un participante no invitado.

Cuando una escena sexual aparece en tu pantalla, ¿es eso para ti una tentación a la lujuria o es pecado de lujuria? Depende. No es lujuria «tropezar» con una tentación. Que te venga a la mente un pensamiento de tener relaciones sexuales con una mujer no es inmoral en sí. Se trata de una línea muy fina: los pensamientos son tentaciones, no pecados.

No puedes evitar que alguien toque a tu puerta, pero sí puedes decidir a quién invitas a entrar.

Sin embargo, tienes que asumir la responsabilidad personal de controlar la atracción.

Lo que haces a continuación es lo que cuenta, como lo ilustra la historia de Mike.

OJOS ERRANTES DE MIKE: SALVADO POR TRES GUISANTES

Mike ama a Dios con todo su corazón. Pero tenía la costumbre de observar mujeres hermosas. Un día se dio cuenta de que estaba cometiendo un pecado contra su esposa. Se comprometió a dejar de mirar y desear.

> Un día no mucho después me hallaba sentado en un restaurante terminando de comer. Por el rabillo del ojo vi a una mujer muy sensual entrando al restaurante. Decidí no mirarla y codiciarla. No supe qué hacer, así que oré y le pedí ayuda a Dios. Resulta que me quedaban tres guisantes en el plato. Decidí enfocarme en esos chícharos y comencé a mirarlos fijamente.

> Sentí como si mi cabeza estuviera atrapada en un gigantesco tira y afloja. Una fuerza quería obligarme a levantar la mirada hacia esa mujer. La otra fuerza me hacía volver la mirada hacia los tres guisantes. Era una lucha sin cuartel entre la antigua costumbre y el nuevo compromiso. Mi rostro estaba medio torcido hacia ella, pero mis ojos se desorbitaban por mantenerse enfocados en esos guisantes.
>
> Finalmente, la batalla empezó a calmarse. Unos momentos después había terminado. Gané. Dios me concedió una victoria espiritual. Aún me siento tentado a desear, pero Dios me ha dado el poder para tener victoria cada vez que le pido ayuda.

—¿Has dejado voluntariamente de mirar a otras mujeres? —le preguntó un par de semanas más tarde Sarah, la esposa de Mike.

—Sí —contestó Mike.

—No tienes idea de lo segura que me siento al saber que solo tienes ojos para mí —comentó entonces Sarah.

Lo de ojos errantes, por supuesto, no es nada nuevo. Incluso Job, el amigo de Dios, tuvo que tratar con esa clase de tentación sexual. Mira lo que manifestó: «Hice pacto con mis ojos; ¿cómo, pues, había yo de mirar a una virgen?» (Job 31:1).

¡Increíble! ¡Ese es el mismo pacto que hizo Mike! No hay ninguna razón para que tú no puedas convertirlo también en tu pacto. Yo lo hice hace muchos años. No he podido cumplirlo por completo, pero es indudable que me ha ido mucho mejor habiéndome comprometido que si no lo hubiera hecho.

El pacto de Job requiere fuerza de voluntad: tu voluntad y la fuerza de Dios. No podemos hacer nada a largo plazo a menos que reconozcamos que somos «inválidos» espirituales que necesitamos que el Espíritu Santo nos fortalezca. Seamos sinceros: no puedes resistirte a buscar en Google algo que no deberías, u hojear por tu cuenta el catálogo de *Victoria's Secret*, al menos no siempre. Si aún no lo has hecho, considera ahora mismo hacer el «pacto de Job» como un llamado a la acción. Eso es lo que Mike hizo.

EL DISEÑO DE DIOS NO INCLUYE A BETSABÉ

A diferencia de Mike, David no miró hacia otro lado. A diferencia de Job, David no hizo un pacto con sus ojos. En cambio, se dio el lujo de arder con pasión por Betsabé. Se graduó de «verla» a «observarla». En lugar de apartar la mirada, miró fijamente. La escena seguía siendo una tentación, pero en este instante o el rey se apartaba o la lujuria era inevitable. Dejar que tus pensamientos persistan es lo que hace que la «atracción» se convierta en «lujuria».

Tal vez conozcas el resto de la historia. David mandó a buscar a Betsabé y tuvo relaciones sexuales con ella, quien quedó embarazada. Él planeó asesinar al esposo de la mujer, lo que dio como resultado las muertes de, por lo menos, otros dos hombres. Luego David tomó a Betsabé como su propia esposa.

La lujuria es deseo sexual descontrolado.

Aunque David era un hombre conforme al corazón de Dios, el Señor se entristeció. A pesar de que Dios lo perdonó (Él perdona a todos los que buscan perdón), las consecuencias descritas por el profeta Natán son impresionantes: el bebé de David murió; su hijo Absalón dirigió una revuelta; el rey tuvo que huir exiliado; y Absalón tuvo relaciones sexuales en público con las concubinas de David.

Más allá del potencial de todo tipo de enfermedades y humillación pública, el adulterio, aunque perdonable, en ocasiones causa daños permanentes e irreparables a nuestras relaciones y a las personas que amamos.

LA LUJURIA ES ADULTERIO «MENTAL»

Debido a los Diez Mandamientos, todo el mundo sabe que el adulterio es un pecado: «No cometerás adulterio» (Deuteronomio 5:18).

Hay dos clases de adulterio. El adulterio tipo 1 ocurre cuando un hombre casado tiene *físicamente* relaciones sexuales con una mujer que no es su esposa o cuando un soltero duerme con una mujer casada. (Y fornicación es cuando un hombre soltero tiene sexo con una mujer soltera).

La mayor parte del adulterio físico que he visto en nuestro trabajo con hombres es el resultado de relaciones laborales inapropiadas con compañeras de trabajo. Uno de los involucrados, o ambos, se sienten emocionalmente descuidados, y se encariñan. Luego una cosa lleva a la otra.

Pero hay una segunda clase de adulterio, como explicó Jesús en el Sermón del Monte: «Oísteis que fue dicho: No cometerás adulterio. Pero yo os digo que *cualquiera que mira a una mujer para codiciarla, ya adulteró con ella en su corazón*» (Mateo 5:27-28). El adulterio tipo 2 es tener *mentalmente* relaciones sexuales con alguien que no es tu esposa; es decir, es lujuria.

La lujuria es adulterio «mental». Jesús afirma que no tienes que cometer el acto «físico» para cometer adulterio. El adulterio «mental» también es adulterio. Por tanto, sí, la lujuria es pecaminosa. Es una desviación del plan de Dios para el sexo. Y aunque las mujeres también pueden ser lujuriosas, observa que Jesús considera la lujuria como un asunto particularmente masculino.

Sin embargo, adulterio «mental» no es lo mismo que adulterio «físico». Lujuria es «pensar» o «imaginar» que tienes relaciones sexuales con una mujer que no es tu esposa. He aquí una buena definición práctica de lujuria:

Lujuria es adulterio mental al buscar maneras de mirar, observar, escuchar, leer acerca de, o desear, a cualquier mujer que no sea tu esposa con el fin de excitarte sexualmente, lo que se intensifica si te masturbas.

Lujuria es más que tropezarse en forma accidental con material sexualmente explícito o tener un sueño erótico. Es buscar de modo proactivo estimulación sexual.

Si «buscas» películas por sus escenas sexuales con el fin de excitarte, eso es pecado de lujuria. Cuando una escena sexual aparece de manera inesperada y sigues mirando, eso es lujuria.

Si observas un video, un programa de televisión o una película en que un hombre y una mujer simulan tener relaciones sexuales, eso es pornografía.

Ya sea que la llames pornografía fuerte o suave (el juez de la Corte Suprema de Justicia, Potter Stewart, dijo en un caso en 1964: «La reconozco cuando la veo»[3]), sabemos en nuestros corazones que no deberíamos estar viendo.

Por si te lo estás preguntando, querer tener sexo con tu esposa no es lujuria. ¿Por qué? Porque Jesús afirma que la lujuria es adulterio, y no puedes cometer adulterio con tu propia esposa.

Y ahora que ya la mencioné, creo que debemos hablar de la masturbación.

¿ES MALO MASTURBARSE?

La primera vez que escribí acerca de la masturbación a chicos adolescentes fue en *The Young Man in the Mirror*. Te contaré básicamente lo que les dije.

---

3. Véase «Jacobellis vs. Ohio», 22 de junio de 1964, www.law.cornell.edu/supremecourt/text/378/184.

Ante todo, la Biblia no dice nada específicamente de la masturbación. Lo cual es interesante porque fácilmente pudo haberlo dicho. Por tanto, lo que voy a decirte es una opinión; léela como corresponde.

Puedes masturbarte y no pecar. Cuando la pubertad empieza más o menos a los trece años, el cuerpo del hombre comienza a producir testosterona, que es la hormona masculina. La testosterona produce un impulso sexual en los hombres; los excita.

Es normal querer masturbarse. Los hombres se masturban por placer. Eso es todo. Yo no me preocuparía demasiado al respecto con dos advertencias.

- Primera, no fantasees con mujeres y relaciones sexuales. No mires fotos de mujeres ni veas videos porno. ¿Por qué? Porque eso es lujuria.
- Segunda, no te masturbes de manera habitual. Es casi imposible definir qué es habitual, pero es probable que ya sepas si lo «habitual» te describe.

¿Hay alguien que no se sienta incómodo y extraño ahora mismo? ¡Yo sí!

De nuevo, la Biblia no dice nada al respecto, así que debes sacar tu propia conclusión.

¿QUÉ PUEDES HACER CUANDO TE SIENTES ATRAÍDO?

Esto es lo que debes hacer cuando veas una mujer hermosa y sientas atracción: Haz una pausa y di: «Gracias, Dios, por esta mujer hermosa que has creado de manera reverente y maravillosa. Oro porque ella te conozca, porque un día llegue a conocerte como yo te conozco». Luego sigue adelante.

Pero no des vuelta a la manzana para volver a verla. Tentación es ver a una mujer bonita. Pecado es dar la vuelta a la manzana para mirarla otra vez.

El ministerio dedicado a luchar contra el problema de la pornografía en nuestra cultura, XXXchurch.com, tiene una forma inteligente de trazar la línea entre la apreciación del sexo opuesto y la lujuria: «Mira una vez, eres humano; mira dos veces, eres hombre; mira tres veces, acabas de faltarle al respeto a tu esposa».[4]

Debemos asumir nuestra responsabilidad personal. El apóstol Pablo escribió con firmeza: «Huyan de la inmoralidad sexual. Todos los demás pecados que una persona comete quedan fuera de su cuerpo; pero el que comete inmoralidades sexuales peca contra su propio cuerpo» (1 Corintios 6:18, NVI).

Una vez, mientras daba un paseo antes del amanecer, pasé por una casa donde vi la luz encendida tras el cristal translúcido de una gran ventana de baño.

Afuera no se veía ningún ser humano, y la oscuridad total envolvía el resto de la calle, por lo que me sobresaltó doblemente ver la silueta de una mujer que parecía estar bailando o haciendo ejercicios detrás de la ventana.

He sido cristiano por mucho tiempo. Acababa de concluir un hermoso tiempo en oración con el Señor. Pero en un abrir y cerrar de ojos, una fuerza se abalanzó sobre mí e intentó arrastrarme hacia la ventana para mirar más de cerca. Salí de allí tan rápido como pude, ¡pero me aterra lo que pudo haberme sucedido!

Es obvio que «huir» requiere dominio propio. Nunca podrás hacerlo constantemente en tus propias fuerzas. Tendrás que creer en tu corazón que huir es una de las formas en que Jesús desea

4. Carl Thomas, «Three Ways to Look and Not Lust», 19 de septiembre de 2018, https://www.christianpost.com/voice/3-ways-to-look-and-not-lust.html.

que le demuestres tu amor y devoción como parte de una respuesta agradecida por su misericordia, su gracia y su amor. Huir requiere la clase de «templanza» que forma parte del fruto del Espíritu Santo (Gálatas 5:22-23).

No obstante, seamos realistas. Nadie nos obliga a ser lujuriosos. La lujuria es culpa nuestra. He aquí algunos ejemplos prácticos de cómo huir de la tentación sexual:

- Si navegas en YouTube buscando sátiras cómicas y avances de películas, pero inevitablemente terminas viendo videos que sabes que no deberías ver, entonces no navegues solo por YouTube.
- Si cada vez que revisas los marcadores de tu equipo en la página web de *Sports Illustrated* te quedas embobado mirando los anuncios de trajes de baño, entonces entérate en otra parte cómo le fue a tu equipo.
- Si usar el celular cuando estás solo en casa te lleva a buscar cosas erróneas, entonces no uses tu teléfono estando solo en casa.
- No tengas una compañera regular durante tu almuerzo o en el gimnasio.
- No viajes con una mujer.
- Cuando empiece una escena sexual en un programa de televisión, adelanta rápidamente ese segmento.

Si estás donde no deberías estar, es más probable que hagas lo que no deberías hacer. Así que conoce cuáles son tus detonantes y, simplemente, no los actives. ¿Por qué coquetear de manera voluntaria con el desastre? ¡Huye!

Y si no crees que huir es lo que debes hacer, pero sigues luchando —o en las palabras de Jesús, descubres que «el espíritu a la verdad está dispuesto, pero la carne es débil» (Mateo 26:41)—, puedes darle permiso a un hermano o a tu grupo pequeño para que te pidan cuentas con regularidad sobre cómo te está yendo.

Quizás un grupo como el que ayudó a Joseph también pueda ayudarte.

HISTORIA DE JOSEPH: SOBRELLEVAR LOS UNOS LAS CARGAS DE LOS OTROS

En su vida anterior, Joseph era como la mayoría de los chicos. Nunca fue perverso, pero al igual que muchos jóvenes, era propenso a hablar de mujeres y mirar imágenes equivocadas. Joseph se casó, y poco después entregó su vida a una fe personal en Dios. Después que su primer hijo nació, comenzó a calmarse seriamente.

Una mañana en su grupo pequeño de estudio bíblico hablaron de la tentación sexual. Después de la reunión, Joseph, cristiano desde hacía menos de dos años, llevó al líder a un lado.

«Necesito hablar de esto —le comentó—. Francamente, me siento aliviado. Creía que yo era el único varón cristiano vivo que luchaba con la lujuria al nivel en que lo hago. La he pasado mal. Unos días la tentación es una lucha espiritual tan fuerte durante toda la jornada que, al llegar a casa, estoy completamente agotado. Siento como si tuviera dos perros peleando dentro de mí».

Si tienes una lucha menos extrema con la lujuria, entonces te resultará muy útil formar parte de un grupo pequeño y ser franco allí respecto a tus cargas. Parte del mandato para un grupo pequeño es sobrellevar «los unos las cargas de los otros» (Gálatas 6:2).

Pero presta atención a estas dos advertencias:

- Aunque tengas un grupo de hombres que te pregunten semanalmente: «¿Has buscado algún material sexualmente explícito esta semana?», podrías mentirles.

- Huye tan pronto como puedas de cualquier grupo que refuerce la idea de que todos los hombres «luchan» con la lujuria y, por tanto, esta es aceptable. Los hombres en esos grupos rara vez pueden dar testimonio del poder de Dios para cambiarles la vida en este ámbito.

Digamos que intentaste todo lo anterior, pero sigues luchando. ¿Qué puedes hacer si la lujuria ha sido una batalla perdida para ti?

HISTORIA DE STEVE: ¿QUÉ PUEDES HACER SI SIGUES LUCHANDO CON LA PORNOGRAFÍA?

Piensa en Steve. Su lucha con la pornografía comenzó a los once años. Nació de nuevo antes de los treinta años, pero siguió teniendo una vida secreta de lujuria. La esposa de Steve comentó: «Siempre sentí como si hubiera una tercera persona en nuestra alcoba. Nunca me sentí valorada. Así que simplemente seguí adelante y cumplí con mi deber».

Incluso cuando cumplió cincuenta años, Steve seguía luchando con una conducta sexual no deseada. En cierta ocasión, dijo: «Escenas en películas para mayores de trece años me ponen los ojos hambrientos».

Finalmente enfrentó la realidad de que tenía un problema que no podía resolver por su cuenta. Estaba muy cansado de intentar ocultar y controlar su vida secreta. Steve expresó: «Tenía la mente destrozada».

El mensaje de Steve para ti es que la sanidad puede llegar rápidamente. «Intenté detenerme, pero nada funcionó hasta que el líder de un ministerio especializado en pureza sexual comentó: "La única salida es la comunicación absoluta en quebrantamiento, humildad, transparencia continua y confesión a las personas que te importan"». Steve hizo eso. Confesó todo a su esposa, sus hijos, su pastor, sus amigos… a todos.

Cuando finalmente Steve reveló que había estado viviendo una vida falsa, al principio su esposa quedó aletargada. Finalmente accedió a ayudarle. Tuvieron que trabajar en esto por etapas, pero la buena noticia es que en los primeros cien días el tremendo problema quedó atrás.

Durante tres años Steve ha estado libre de la esclavitud a la pornografía. «Aún siento la tentación todo el tiempo —expresó—. Pero ahora le mando al instante un mensaje de texto a mi esposa y le cuento lo que está sucediendo». Por su parte, su esposa concluyó: «¿Cómo puedo ayudarle si no sé todo lo que está ocurriendo?».

BATALLA Y VICTORIA DE MIGUEL SOBRE EL COMPORTAMIENTO SEXUAL NO DESEADO

Cuando Miguel tenía siete años, encontró una de las revistas de su padre. Las imágenes de mujeres desnudas le daban vuelta en la cabeza. Más o menos al mismo tiempo descubrió los espectáculos lujuriosos a altas horas de la noche. Empezó a verlos después que sus padres se dormían. Los tentáculos de la pornografía comenzaron a envolverle su joven cerebro, lo que dio inicio a una batalla de quince años con el comportamiento sexual no deseado.

Una vez durante una pijamada en la escuela secundaria, sus amigos le mostraron sitios web pornográficos que él ni siquiera sabía que existían. Cuando Miguel estaba en octavo grado enfrentaba una lucha en caída libre con la pornografía, que con el tiempo escaló a géneros más duros. Cosificar a las mujeres y pensar constantemente en el sexo se volvió una lucha diaria. Cuando terminaban sus clases, iba directo a casa mientras sus padres aún estaban trabajando, y consumía tres o cuatro "dosis" diarias.

De adolescente, Miguel se sentía acosado por la vergüenza y la culpa, convencido de que era el único que tenía este problema. Cuando se enamoró de una chica a los trece años, su esclavitud al comportamiento sexual no deseado pervirtió la relación hasta que finalmente él se lo confesó todo. Ella lo perdonó, y con el tiempo acabaron comprometiéndose.

Usando «fuerza de voluntad», Miguel fue abandonando poco a poco la pornografía, pero su prometida lo agarró recayendo varias veces. Creyendo que ella no era suficientemente buena, la joven se acomplejó y desarrolló un desorden alimentario que la llevó a bajar peso hasta pesar solo 95 libras (43 kg). Aunque la familia del chico nunca había asistido con regularidad a la iglesia, cuando un amigo lo invitó a ir, aceptó. Aquel día, un Miguel avergonzado pasó adelante a orar y buscar la ayuda de Dios durante una reunión de iglesia.

Aunque se convirtió en un seguidor de Jesús, Miguel seguía deseando lo mejor que el mundo podía ofrecerle. En cierta ocasión, confesó:

> Me convertí en un impostor. Tenía un gran empleo, pero constantemente luchaba en la oscuridad con mi lujuria. Mi relación con Cristo era unilateral. Tenía un pie en el mundo y el otro en la iglesia. Ansiaba acercarme lo suficiente a Jesús para cosechar todos los beneficios de la salvación, pero sin tener que sacrificar nada de mi parte, incluida la pornografía, a pesar de anhelar deshacerme de ella.
>
> Todo se detuvo cuando acepté una solicitud de amistad de una mujer que no conocía y que me pidió que habláramos por Skype. Ella grabó nuestra conversación y luego intentó extorsionarme. Al negarme a darle dinero, ella creó una página falsa en Facebook con mi nombre y mi foto, subió un video mío y envió una solicitud de amistad a todos mis contactos de Facebook. Lo

que creí que sería un rápido instante de complacencia se volvió en cuestión de minutos en un momento traumatizante que me cambió la vida.

Mi mundo comenzó a desmoronarse. Estaba enloqueciendo. Yo era aquel sujeto que solía preocuparme demasiado por mi propia imagen. Y ahora mi secreto más lúgubre había salido a la luz en la mayor plataforma de redes sociales del mundo. Mi teléfono no se detenía: llamadas, mensajes de texto, correos electrónicos. Facebook cerró rápidamente el sitio falso, pero el daño estaba hecho. Ese fue el final de mi relación con mi prometida. No puedo culparla, la hice pasar un infierno. Todo lo ocurrido fue culpa mía.

Esa noche, sin poder dormir, le clamé a Dios, pero no escuché respuesta. Me sentí abandonado y sin esperanza. Desesperado, pulsé la aplicación de mi Biblia, giré la pantalla y decidí leer el primer pasaje bíblico con el que mi dedo se topara. Como si fuera una señal, el Señor me llevó a Proverbios 7, todo un capítulo que describe cómo los hombres debemos tener cuidado con la mujer adúltera.

Ese domingo fui a la iglesia y, antes que el pastor hubiera terminado de invitar a pasar adelante a las personas que deseaban confesar sus pecados y entregar sus vidas a Jesús, yo ya estaba a medio camino hacia el altar.

Hoy día Miguel vive en victoria sobre la pornografía.

—Eso no significa que no siento tentación —declaró—. Todavía me aparecen imágenes pornográficas en la mente, y no soy perfecto.

—¿Qué les dirías a los hombres que luchan con la pornografía? —le pregunté.

—Antes que nada, diles que pueden ser libres del comportamiento compulsivo, pero esta será una batalla de por vida. Se sentirán tentados todos los días. Deben actuar cuando están en una posición de fortaleza, no después de haber empezado a jugar con fuego. Es mucho más difícil retroceder a partir de ese momento. Por tanto, deben estar atentos.

—¿Cómo te liberaste? ¿Cuáles son los pasos deliberados que tomaste? —le pregunté entonces a Miguel, quien ahora dicta conferencias sobre pornografía y pureza sexual.

Miguel explicó su propio plan intencional, el cual he resumido a continuación para ti (se trata del plan real que él todavía sigue). Si tienes un problema con conducta sexual no deseada (sea que te parezcas más a Kevin, Mike, Joseph, Steve o Miguel), he incluido una línea en blanco después de cada idea para que elabores tu propio plan intencional como un llamado a la acción.

Plan intencional de Miguel

Identidad: Encuentra tu identidad en Cristo: comprende lo que eso significa y a qué tienes acceso mediante una relación con Jesús.

____

Confesión: Confiesa el problema a toda persona que puedas, todo, sácalo a la luz, ponlo al descubierto. Primero a un puñado confiable de personas, entre ellas tu esposa si estás casado, los líderes de la iglesia y con el tiempo a otros más; haz de esto un estilo de vida. Es difícil pero esencial para poder sanar. Te quitarás un peso de encima. Andar en la luz debe volverse un modo de vida. Empieza a vivir de tal manera que no habrá nada que confesar, porque todo ya estará en la luz (más sobre esto abajo).

____

Un grupo: Enfócate en forjar una relación con Jesús basada en la gracia. Haz esto con un grupo de varones que tengan ideas afines. Es muy beneficioso relacionarse con un grupo de rendición de cuentas vinculado con un buen programa de pureza sexual.

____

Rendición de cuentas: Diles a tres, cuatro o cinco chicos: «Ya no quiero seguir guardando secretos», y solicítales que te pidan cuentas llamándote o enviándote mensajes de texto para chequear cómo te está yendo. Pídeles que monitoreen tu computadora con un software como Covenant Eyes. Incluye, según corresponda, a tu esposa, amigos, padres, hombres de la iglesia.

Purga: Haz una purga de todo contenido pornográfico en tu casa, tus aparatos, tus cuentas de redes sociales, etc. Borra aplicaciones, contactos, páginas web, etc. que podrían estar detonándote la lujuria. Deja de visitar lugares o de pasar tiempo con personas que no son buena influencia para ti. No valen la pena.

Consejo: Encuentra un buen consejero cristiano.

Salud: Cuídate por medio de dieta, ejercicio, sueño.

Retiro: Ve a un retiro de varones con tu iglesia, especialmente uno que tenga una sesión sobre pureza sexual.

Orientación: Encuentra un hombre mayor que alguna vez también haya luchado con pornografía y que ahora camine en victoria.

Servicio: Céntrate en ayudar a otros, lo cual lleva la sanidad al siguiente nivel. Vivir para uno mismo finalmente te dejará vacío y te llevará de vuelta a tu esclavitud. Estamos llamados no solo a permanecer libres, sino a utilizar nuestra libertad para ayudar también a los otros a liberarse. «Por tanto, id...».

Tentación: La mejor manera de vencer la tentación es evitar ponerte en una posición en que serás tentado. Sin embargo, cuando la tentación aparezca, cambia tus circunstancias. Vete, pide en oración «una vía de escape», pon música de alabanza, llama a un amigo, medita en las consecuencias, piensa en cómo Jesús o tu esposa se sentirían o reaccionarían, y recuerda que *en verdad* no estás solo cuando actúas mal. Dios está allí contigo.

Pecado: Cuando falles, y fallarás, confiesa tu pecado a Jesús, recibe su total perdón, acepta su gracia y cuéntaselo a un amigo confidencial a quien rindas cuentas.

«LLAMADO A LA ACCIÓN» DE ED COLE

En esta sección final, quiero que analicemos algunos aspectos familiares: un reto para enfrentar nuestro comportamiento sexual no deseado. Si aún luchas entre seguir o no a Cristo, no intento decirte cómo debes vivir. El apóstol Pablo expresó: «Os he escrito por carta, que no os juntéis con los fornicarios; no absolutamente con los fornicarios de este mundo, o con los avaros, o con los ladrones, o con los idólatras; pues en tal caso os sería necesario salir del mundo» (1 Corintios 5:9-10).

Sin embargo, si eres un cristiano profesante, espero que tomes esto muy en serio.

Ed Cole, pionero en el ministerio de hombres, escribió una historia en su obra maestra, *Hombría al máximo*, sobre un retiro de hombres en Eugene, Oregón. Durante un largo viaje para llegar al evento, el Señor le dio un mensaje muy poderoso para los hombres. Una vez en el púlpito, como solía hacer, pidió a los hombres que se pusieran de pie para orar. Antes que se sentaran, los miró fijamente y los llamó a la acción:

> Si vives cometiendo adulterio, fornicación, homosexualidad, incesto, o practicas la masturbación, complaciéndote en la pornografía, disfrutando de fantasías sexuales o cometiendo cualquier otra clase de pecado sexual, te ordeno en el nombre de Jesucristo que te arrepientas, y seas restaurado a una correcta relación con Dios el Padre, siendo reconciliado por Jesucristo y el poder del Espíritu Santo.[5]

¡Y este era tan solo el inicio del retiro! Un silencio confuso se apoderó del salón mientras los hombres intentaban asimilar lo que acababan de escuchar.

De repente el salón estalló. ¡Los asistentes levantaron las manos! Algunos eran comerciantes, otros empleados; unos eran jóvenes y otros viejos. Al unísono comenzaron a clamarle a Dios en alabanza y adoración. Esos hombres habían estado ansiando que alguien les dijera la verdad, y esa noche alguien lo hizo.

En esa oportunidad, el Espíritu Santo descorrió el techo de una pequeña capilla en medio de las montañas e inundó el salón con la gracia para perdonar, curar y restaurar a aquellos hombres donde más sentían el aguijón de la falta de influencia del evangelio en sus vidas.

---

5. Edwin Louis Cole, *Hombría al máximo: Una guía para el éxito familiar* (Miami, FL: Vida, 1989), p. 12.

¿Estás luchando con pecados sexuales? De ser así, déjame decirte, como Ed Cole les dijo a esos varones: «Te ordeno en el nombre de Jesucristo que te arrepientas, y seas restaurado a una correcta relación con Dios el Padre, siendo reconciliado por Jesucristo y el poder del Espíritu Santo». He aquí una oración para que hagas en respuesta a este reto.

ORACIÓN DE UN «LLAMADO A LA ACCIÓN»

Señor Jesús, muchas gracias por tu Palabra, porque no me has dejado solo para resolver esto. Me has concedido abundante consejo, sabiduría, exhortación, dirección y hasta decretos sobre cómo llevar mi vida sexual en este mundo, y por eso te agradezco. Por fe, me arrepiento de todos mis pecados sexuales (complacerme con pornografía, fantasías sexuales, masturbación habitual, inmoralidad heterosexual u homosexual, incesto, adulterio y todos los demás tipos de pecado sexual). Por fe, te pido que me restaures a una relación correcta con Dios el Padre a través del poder de tu Espíritu Santo. Por favor, enséñame la verdad de tu Palabra en mi corazón para poder salir victorioso ante mis tentaciones y batallas con la lujuria. Te pido esto en el nombre de Jesús. Amén.

La belleza del evangelio de Cristo es que sin importar lo que hayas hecho, puedes ser perdonado. El perdón está allí con solo pedirlo: «Si confesamos nuestros pecados, él es fiel y justo para perdonar nuestros pecados, y limpiarnos de toda maldad» (1 Juan 1:9).

En el futuro cuando sientas lujuria, y la sentirás, haz una pausa y piensa en lo que has hecho, y cuando estés arrepentido de veras, simplemente agradece a Jesús que ya murió por ese pecado, pídele perdón y sigue adelante.

Preguntas de reflexión y para grupos pequeños

1. ¿Estás de acuerdo en que vivimos en una cultura que glorifica la lujuria y la inmoralidad sexual? ¿Cuán importante es para ti la lujuria?

2. ¿Coincide con las Escrituras en este capítulo tu visión de cómo canalizar tu deseo sexual? ¿Qué has leído que sea nuevo para ti, o que te alegre que te lo recuerden?

3. No pretendamos creer que «Jesús y yo», además de mucha oración, aunque importante, sea suficiente para conquistar la lujuria. También debemos asumir responsabilidad personal. Repasa el capítulo y decide qué pasos tomarás para ejercer dominio propio sobre tu deseo sexual. ¿Hiciste la oración del «llamado a la acción»? ¿Entiendes cómo confesar tus pecados según la promesa en 1 Juan 1:9? Si estás en un grupo de debate, ¿has escuchado algunas ideas más que podrían ayudarte?

NUEVE

CULTURA

El papel del hombre cristiano en nuestra cultura

Procurad la paz de la ciudad a la cual os hice
transportar, y rogad por ella a Jehová;
porque en su paz tendréis vosotros paz.

JEREMÍAS 29:7

Dios desea que cada uno de nosotros encuentre algún lugar no redimido de la cultura y lo reclame para la gloria de Cristo.

En su cuento «El rey sabio», Jalil Gibran habla de un rey poderoso, sabio y muy querido que vivía en una tierra lejana. En esa tierra había un solo pozo del que todo el pueblo tenía que sacar el agua.

Una noche, una bruja envenenó el pozo, para que todos los que bebieran el agua se volvieran locos.

A la mañana siguiente, todos los habitantes del reino, excepto el rey y un alto oficial, bebieron del pozo y enloquecieron, tal como había predicho la bruja.

Y aquel día, la gente no hacía sino cuchichear: «Nuestro rey y su alto oficial están locos y han perdido la razón. No podemos permitir que nos gobierne un rey loco; debemos destronarlo».

El rey se enteró de esto y, para no ofender a nadie, envió al oficial a sacar agua del pozo y ambos bebieron.

Y hubo un gran regocijo entre el pueblo, porque el rey había recobrado la razón.[1]

LA SITUACIÓN ACTUAL

Al igual que en la fábula, vivimos cada vez más en una cultura peculiar y patas arriba, en que a las opiniones se les da la misma credibilidad que a los hechos, y donde las opiniones de las masas influyen en la sabiduría de los líderes.

Entra a las redes sociales. Ya nadie susurra. Publicamos. En una fracción de segundo, con un simple clic, personas civilizadas atacan

1. Véase Kahlil Gibran, «The Wise King», www.poetryfoundation.org/poems/58702/the-wise-king. Texto en español: Ciudad SEVA, Casa digital del escritor Luis López Nieves, https://ciudadseva.com/texto/el-rey-sabio/.

a aquellos con quienes no están de acuerdo. A menudo sin siquiera conocerlos. Como el experto en mercadotecnia Mark Fisher observó en la revista *Entrepreneur*: «Los ciervos tienen armas».[2]

Una de las razones por las que nos ataquemos unos a otros es que, debido a las redes sociales y la tecnología, sabemos mucho más lo que los demás expresan.

Conoces los problemas: educación, violencia escolar, protección de niños inocentes, economía, déficits federales, deudas escolares, búsqueda de un trabajo que pague bien, racismo, política, tráfico humano, ambiente, pobreza, justicia social, desamparo, divorcio, mendicidad, violencia de pandillas, inmigración, acoso por redes sociales, estafas por Internet, escándalos sexuales, tiroteos policiales, aborto y disputas sobre cómo definir el matrimonio y las cuestiones de género, por mencionar muchos de los más visibles.

Si los problemas que enfrenta nuestra cultura pudieran resolverse con lógica, ya se habrían resuelto. Hay veneno en el agua.

Tratar de adivinar hacia dónde se dirigirá una cultura como la nuestra es como intentar predecir hacia dónde saltará una ardilla en medio de la carretera. Un aspecto es seguro: las culturas cambian constantemente. Nuestro momento cultural es muy distinto del que teníamos hace veinte años, y es diferente del que tendremos dentro de veinte años.

Sé que te preocupan los problemas que azotan nuestra cultura. Sin duda te has preguntado: *¿Qué puedo hacer? Solo soy una persona.*

Los veinticuatro hombres que encuesté para este libro votaron masivamente por la cultura como uno de sus principales problemas. Sus preguntas ilustran lo difícil que es para el cristiano saber cómo debe interactuar con la cultura actual: «¿En qué me baso para aceptar los cambios culturales? ¿Cómo puedo permanecer fiel a mi fe

---

2. Citado en Aimee Millwood, «A Top TripAdvisor Reviewer Talks about How Reviews Work, for Good and Bad», *Entrepreneur*, 15 de julio de 2016, www.entrepreneur.com/article/278954.

cuando muchos a mi alrededor abandonan la suya? ¿Cómo debo tratar con las redes sociales y la adicción digital? ¿Cómo debemos los cristianos mezclar la política y la fe, o no debemos hacerlo? ¿Por qué todavía tenemos iglesias negras, blancas e hispanas? ¿Cómo interactuar con la cultura sin parecer crítico? Quiero ser un cristiano que influya, pero no deseo ser beligerante al respecto. ¿Cómo interactuar con una cultura que vacila tan rápidamente?».

¿Cómo entonces podemos abordar un problema tan amplio?

En primer lugar, exploraremos cómo Jesús interactuó con la cultura para que podamos establecer el punto de referencia. Luego veremos la postura de un cristiano hacia la cultura en la situación actual. A continuación, aunque no tenemos espacio para cubrir todos los temas que los hombres plantearon en el guion gráfico, buscaremos inspiración en un par de ejemplos del cambio cultural. Concluiremos ayudándote a encontrar o afirmar tu postura personal y tu llamado a la cultura.

La gran pregunta para el cristiano en cuanto a la cultura es: «¿En qué parte de mi comunidad es más necesaria mi influencia como cristiano?». Podría ser cualquiera de los problemas ya mencionados o algo más, como por ejemplo adicciones, embarazo de adolescentes o servicio a madres solteras.

Una vez identificado dónde influir (y esta es la gran idea para este capítulo), *Dios quiere que cada uno de nosotros vaya a encontrar alguna esquina no redimida de la cultura y la reclame para la gloria de Cristo.* Esta idea va al núcleo tanto del mandato cultural como de la Gran Comisión. Somos los mayordomos del evangelio de Cristo en un mundo fragmentado.

La buena noticia es que, al activar los principios bíblicos en este capítulo, los hombres de todo el mundo participan e influyen en la cultura para la gloria de Jesucristo, y tú también puedes hacerlo. Ya participas en el juego. Si no es así, esta es tu invitación a comprometerte y salir al campo.

El mejor ejemplo de cómo interactuar con la cultura es Jesucristo.

Postura de Jesús hacia la cultura

Sorprende mucho que alguien tan opuesto al orden existente como Jesús no intentara reemplazarlo. Sin embargo, Él no expresó ningún deseo de *acabar* con la cultura existente o *reemplazarla*. Cuando los soldados romanos llegaron para arrestarlo injustamente, le dijo a Pedro (quien había sacado una espada): «Vuelve tu espada a su lugar; porque todos los que tomen espada, a espada perecerán. ¿Acaso piensas que no puedo ahora orar a mi Padre, y que él no me daría más de doce legiones de ángeles?» (Mateo 26:52-53).

Jesús no intentó *adaptarse* a la cultura o *separarse* de ella. Al contrario, su postura fue *comprometerse* con la cultura. No vino a instalar una nueva cultura cristiana, sino a «incrustar» el reino de Dios en la cultura existente. ¿Cómo lo hizo?

Este año estoy leyendo los cuatro evangelios cada mes (ochenta y nueve capítulos, es decir, tres capítulos diarios). Mientras escribía este capítulo leí el libro de Mateo y vi algo que nunca antes había observado.

Las *enseñanzas* de Jesús son sólidas. Por supuesto, Él se enfocó principalmente en el reino de Dios. No es de extrañar. También opinó sobre prácticamente todos los temas que su cultura enfrentaba en ese tiempo, incluso, por ejemplo, impuestos gubernamentales, matrimonio, divorcio, codicia y orgullo. Eso es parte de su postura.

Dicho esto, todas las 34.450 palabras registradas de Jesús pueden pronunciarse en unos diez sermones de treinta minutos.[3] Aunque Jesús obviamente enseñó más que lo que se encuentra

3. Véase Ralph L. Lewis y Gregg Lewis, *Learning to Preach Like Jesus* (Westchester, IL: Crossway, 1989), p. 13.

asentado, ¡lo que tenemos solo llega aproximadamente a cinco horas de enseñanza en un ministerio que duró más de tres años!

¿Qué hizo Jesús con su *tiempo*? La mayor parte la dedicó a *atender* las necesidades reales y prácticas de las personas a su alrededor. He aquí un buen ejemplo del pasaje que lleva a la alimentación de los cuatro mil:

> Se le acercó mucha gente que traía consigo a cojos, ciegos, mudos, mancos, y otros muchos enfermos; y los pusieron a los pies de Jesús, y los sanó; de manera que la multitud se maravillaba, viendo a los mudos hablar, a los mancos sanados, a los cojos andar, y a los ciegos ver; y glorificaban al Dios de Israel. Y Jesús, llamando a sus discípulos, dijo: Tengo compasión de la gente, porque ya hace tres días que están conmigo, y no tienen qué comer; y enviarlos en ayunas no quiero, no sea que desmayen en el camino.
>
> *Mateo 15:30-32*

Esta es la postura que Jesús adoptó: satisfizo las necesidades prácticas de las personas mientras explicaba cómo el evangelio se aplicaba a cada aspecto de sus vidas eternas y temporales. Así que, dado su ejemplo, ¿qué postura quiere Jesús que adoptemos?

Nuestra postura hacia la cultura

Tal vez hayas oído el dicho «en el mundo, pero no del mundo». Procede de una oración de Jesús pronunciada justo antes de su crucifixión, llamada con frecuencia su Oración Sacerdotal. ¡Lo que la hace tan extraordinaria es que es una oración que hizo específicamente por nosotros!

> Ya no estoy en el mundo; mas estos están *en el mundo*... No ruego que *los quites del mundo*, sino que los guardes del mal. No son *del mundo*, como tampoco yo soy *del mundo*... Como

> tú me enviaste *al mundo,* así *yo los he enviado al mundo*... Mas no ruego solamente por estos, sino *también por los que han de creer en mí por la palabra de ellos.*
>
> *Juan 17:11, 15-16, 18, 20*

Jesús no nos «quita» del mundo, lo cual es bastante interesante porque fácilmente pudo habernos sacado el momento que creímos en Él. Obviamente, Dios considera un propósito superior que permanezcamos «en» el mundo más allá de nuestra salvación. Él nos «envió al» mundo para comprometernos con el mundo, siguiendo el ejemplo que nos dio.

Jesús va a regresar, pero no sabemos cuándo, y ya han pasado dos mil años, ¿qué hacemos entonces hasta que Él vuelva? ¡Ese sería un dilema extraordinario si tuviéramos que resolverlo solos!

Por fortuna, no tenemos que resolver el dilema. He aquí una manera poderosa en que tú y yo podemos involucrarnos con la cultura, originalmente dirigida a una cultura israelita muy fragmentada:

> Así ha dicho Jehová de los ejércitos, Dios de Israel, *a todos los de la cautividad* que hice transportar de Jerusalén a Babilonia: *Edificad casas, y habitadlas;* y plantad huertos, y comed del fruto de ellos. *Casaos, y engendrad hijos e hijas;* dad mujeres a vuestros hijos, y dad maridos a vuestras hijas, para que tengan hijos e hijas; y *multiplicaos ahí,* y no os disminuyáis. Y *procurad la paz de la ciudad a la cual os hice transportar, y rogad por ella a Jehová; porque en su paz tendréis vosotros paz.*
>
> *Jeremías 29:4-7*

Lo que sobre todo es interesante de ser enviados al mundo es que «el lugar» al que nos envía suele significar (aunque no siempre) «justo donde nos encontramos». El apóstol Pablo escribió:

«Cada uno, hermanos, en el estado en que fue llamado, así permanezca para con Dios» (1 Corintios 7:24).

Dios sabe dónde estás ahora mismo. Te tiene allí por una razón. Mira a tu alrededor. ¿Dónde está bajo ataque la cultura, *tu* cultura? ¿Dónde hay una fuerte y evidente necesidad del amor y el poder de Dios? Allí es donde eres necesario, como ilustra esta cita:

> Si profeso, con la voz más fuerte y la exposición más clara, toda porción de la verdad de Dios excepto precisamente ese pequeño punto que el mundo y el diablo atacan en este momento, no estoy confesando a Cristo, por audazmente que profese el cristianismo. Allí donde la batalla arrecia es que se prueba la lealtad del soldado; y mantenerse firme en el campo de batalla es una mera huida y una desgracia para él si se acobarda en ese único punto.[4]

Si quieres participar en la cultura, debes preguntarte: «¿Cuáles son las necesidades prácticas de mi entorno que no están satisfechas? Y una vez identificadas, ¿cómo manifiesto allí la lealtad a Jesucristo?».

Al realizar la investigación inicial para este libro, la reconciliación racial fue una de las principales preocupaciones entre los hombres que encuesté. Veamos un ejemplo que puede ayudar a reclamar este rincón de la cultura para la gloria de Cristo.

EJEMPLO DE RECONCILIACIÓN RACIAL

Como mencioné en el capítulo sobre amistades, me hice muy amigo de Tom Skinner. Lo que no mencioné es que Tom es afroamericano y yo soy blanco.

4. Elizabeth Rundle Charles, *Chronicles of the Schönberg-Cotta Family* (Nueva York: T. Nelson, 1864), p. 276.

Tom me ayudó a entender que pude haber vivido toda mi vida sin que conociera en persona a alguien de raza negra, lo que no habría afectado en lo más mínimo el resultado de mi existencia. En consecuencia, Tom me ayudó a entender que yo veía la injusticia racial con apatía o indiferencia.

Pero también me mostró que, debido a las relaciones empleador-empleado, propietario-inquilino y comerciante-vendedor, el hombre negro promedio no puede pasar tres días sin saber cómo piensan los blancos. Tom me ayudó a ver que, como resultado, la injusticia racial lo hacía sentir indefenso e indignado.

Tom y yo nos volvimos camaradas intencionales. Nos comprometimos a conocernos uno al otro. Lo que sucedió básicamente fue que él me quitó mucha de mi apatía y yo le quité mucha de su ira, solo pasando tiempo juntos.

Tom enseñaba a menudo: «Estamos llamados a ser manifestación viva de lo que sucede en el reino de Dios, de modo que cuando alguien quiera saber qué ocurre en el cielo, solo tenga que consultarnos».

¡Qué palabras más inspiradoras! Pero nunca se me había ocurrido que Dios podría utilizarlas para hacerme un llamado y enviarme al juego.

Cuando yo tenía treinta y un años estalló un disturbio racial en Parramore Avenue en Orlando, bastante grande como para aparecer en las noticias nacionales, porque incluyó incendios provocados, vandalismo y saqueos. Nuestro *sheriff* local, vecino mío, resultó herido cuando una piedra atravesó su parabrisas.

En esa época empleamos a Merthie, una mujer afroamericana madura con quien habíamos hecho buena amistad, para que nos ayudara a limpiar nuestra casa una vez a la semana. Ella vivía cerca de Parramore Avenue. Según narro parcialmente en mi libro *Pastoring Men*, al día siguiente fui a casa a almorzar y Merthie estaba allí. Fue incómodo.

—Merthie, ¿qué crees que sea necesario para que nos demos cuenta de cómo llevarnos bien unos con otros? —pude espetar finalmente.

—Oh, no lo sé —respondió ella.

—¿Tienes alguna idea sobre qué debemos hacer para mejorar esta situación? —le pregunté.

—Oh, no tengo idea —contestó.

—Bueno, ¿qué te motiva a seguir adelante? —inquirí—. ¿Cuál es tu esperanza?

—Pues no lo sé —manifestó Merthie para luego alejarse con los hombros caídos y pasos cansinos a la otra habitación.

Afuera las tensiones entre razas arrasaban nuestra ciudad.

Entré a mi despacho en casa, cerré la puerta y lloré como un bebé durante treinta minutos, preguntándome: *¿Qué puedo hacer? Soy un solo hombre.*

Sin saber qué más hacer, clamé: «Señor, te pertenezco. ¿Hay algo que te gustaría que yo hiciera? Necesito hacer algo para responder a esta situación». No expresé: «¿Cómo podría mostrar lealtad a Jesucristo en esto?», como diría hoy, pero básicamente eso es lo que oré.

En ocasiones elegimos nuestros problemas, pero más a menudo nuestros problemas nos elijen.

Una idea comenzó a tomar forma. Tras haber visto el poder de las relaciones para cambiar mentalidades (p. ej., la mía) acerca de la raza, y con la ayuda de un profesor negro en Rollins College, invité a cuarenta hombres (veinte negros y veinte blancos) a reunirnos un sábado por la mañana en el recinto universitario. La invitación no era para intentar cambiar Orlando, sino para ver si podíamos cambiar nosotros simplemente conociéndonos. Tal como Tom y yo habíamos hecho.

La cifra de asistencia fue interesante. De los cuarenta hombres invitados, se presentaron la mitad. De los veinte que llegaron, justo la mitad eran negros y la otra mitad blancos: diez y diez.

Luego, durante el trascurso de la mañana quedó claro que había dos concepciones en esta reunión. De los veinte asistentes, la mitad quería «hacer» algo: cambiar las cosas, involucrarse en la estructura política, aprobar leyes, etc. La otra mitad decía: «No, no, no. Ni siquiera nos conocemos. Vayamos más despacio aquí, conozcámonos primero y luego veamos qué pasa».

Al tener la influencia de Tom Skinner, hacia el final de la reunión conseguí que el grupo adoptara un enfoque basado en las relaciones. Entonces, de los veinte asistentes, diez se retiraron.

Ahora nos quedaban diez hombres, exactamente la mitad negros y la mitad blancos: cinco y cinco. En los cinco años siguientes nos reunimos un sábado al mes por la mañana, desde las ocho y media hasta el mediodía, aunque casi nunca terminábamos a tiempo. El grupo creció, y en ocasiones tuvimos hasta veinticinco asistentes.

Curiosamente, yo no creía que fuera racista, y habría peleado contra esa idea, hasta que empezamos a reunirnos. Pero una vez que nos reuníamos con regularidad, a veces me sorprendía diciendo: «Tienes que estar bromeando. Eso es simplemente ridículo». Entonces uno de los negros me contestaba. En ocasiones también me contestaba un blanco. Hubo muchos pinchazos. Estábamos comenzando a pelar las capas.

Un mes teníamos una reunión tranquila, y yo pensaba: *Él me quiere.* Pero al mes siguiente la situación se complicaba, y yo pensaba: *Él no me quiere*. Esta es la cuestión. Retomábamos los debates. Estábamos comprometidos a redimir este rincón destrozado de la cultura de nuestra ciudad para la gloria de Dios. Y Dios nos cambió.

Llegamos a interesarnos profundamente unos por otros. Luego vino la confianza. Aunque no empezamos a «hacer» algo, servirnos mutuamente era inevitable, porque eso es lo que produce el amor de Cristo. Ayudamos a algunos varones a comenzar ministerios de tiempo completo. Enviamos a dos de ellos al seminario. Pusimos un techo en la casa de uno de los hermanos. Cubrimos muchas necesidades prácticas. Diecisiete de nosotros nos fuimos de retiro un fin de semana a Carolina del Norte.

Un excomandante del Ejército Negro de Liberación vino una vez a una reunión para ver si éramos reales, y luego tuvo una sobredosis de drogas. Lo siguiente que recuerdo es que yo, un comerciante blanco, a causa del poder reconciliador del amor de Dios me vi corriendo por las calles del centro de Orlando como un loco para llevar a un afroamericano a la sala de emergencia.

En materia de reconciliación racial, ese es un ejemplo de lo que es la lealtad a Jesucristo. ¿Cómo es para ti?

Debido a la intensa atención que los cristianos han prestado a la reconciliación racial en las últimas décadas, toda una nueva generación de cristianos está dispuesta a romper con el pasado y reconciliarse con sus hermanos cristianos.

¿Eres uno de tales hombres? ¿O te gustaría serlo?

He oído decir tanto a negros como a blancos: «Nunca cambiarán. Debe haber otra agenda. No puedes confiar en esa gente». O: «Bueno, lo intenté, pero supongo que no están interesados».

¿De dónde viene esta clase de calificativos y conformidad? Sin duda no de Jesucristo. Más importante aún, ¿cómo podemos personalmente ir más allá de esta clase de estereotipo? La Biblia nos lo dice.

Pablo escribió 1 Corintios porque un individuo estaba involucrado en conducta pecaminosa. El apóstol ordenó que retiraran de la comunión al sujeto. Pero cuando escribió 2 Corintios, manifestó: «Le basta a tal persona esta reprensión hecha por muchos; así que, al contrario, vosotros más bien debéis perdonarle y consolarle, para que no sea consumido de demasiada tristeza. Por lo cual os ruego que confirméis el amor para con él» (2 Corintios 2:6-8).

Varones, ¿llegó el momento de pasar de 1 Corintios a 2 Corintios? He aquí un llamado a la acción si deseas hacer personalmente algo al respecto: una idea probada que comenzó en Mississippi.

LLAMADO A LA ACCIÓN: RETO DE RECONCILIACIÓN DE TRES SEMANAS

Tom Skinner expresó: «El problema es que no nos conocemos». Si tomas en serio la reconciliación racial, invita a una persona de otro color a reunirte contigo una vez a la semana durante tres semanas sin más objetivo que conocerse.

Puedes hacerlo durante el desayuno, el almuerzo o un café. Empieza pidiendo que cada uno hable de cómo se convirtió en seguidor de Jesucristo y qué está haciendo Dios en su vida. Intercambien información sobre las familias, los trabajos y demás intereses personales.

Si progresan, sigue reuniéndote con tu nuevo amigo más allá de tres semanas. ¿Puedes imaginar lo que podría pasar en tu comunidad si tú y unas docenas más de varones dieran este paso personal? Tu comunidad nunca volvería a ser igual. Esta es la clase de reconciliación que hay en el corazón de Dios.

¿Qué más debemos saber?

No será fácil.

Dondequiera que sientas que tu comunidad deba ser redimida, donde sea que actúes para reclamar alguna parte destrozada de la cultura, será difícil. De otra manera, ese problema ya se habría resuelto.

Jesús no se hizo ilusiones de que comprometerse y redimir la cultura sería fácil: «He aquí, yo os envío como a ovejas en medio de lobos; sed, pues, prudentes como serpientes, y sencillos como palomas. Y guardaos de los hombres, porque os entregarán a los concilios, y en sus sinagogas os azotarán» (Mateo 10:16-17).

El Señor también describió al mundo como un lugar donde Dios permite que el bien y el mal coexistan. Explicó una parábola en que se permitía que la cizaña (gente malvada) creciera junto con el trigo (gente buena) porque al sacar la cizaña se podría arrancar de modo accidental algo del trigo.

Dios sabe que la cizaña está ahí. Sabe que los lobos y las serpientes están allí.

Jesús no fue en busca de problemas, pero los encontró de todos modos. Nosotros no debemos ir en busca de problemas, pero tampoco debería sorprendernos cuando suframos por ser cristianos en un mundo a menudo hostil y excéntrico.

> Amados, no os sorprendáis del fuego de prueba que os ha sobrevenido, como si alguna cosa extraña os aconteciese.
>
> *1 Pedro 4:12*

> Estas cosas os he hablado para que en mí tengáis paz. En el mundo tendréis aflicción; pero confiad, yo he vencido al mundo.
>
> *Juan 16:33*

> No os afanéis por el día de mañana, porque el día de mañana traerá su afán. Basta a cada día su propio mal.
>
> *Mateo 6:34*

Jesús nos envía conscientemente a un mundo que sabe que es inhóspito. ¿Por qué? Porque tiene otros hijos que viven con mentalidad de león de zoológico, y que necesitan ser liberados.

Enfrentar los problemas culturales de nuestra época será difícil, pero valdrá la pena. Estamos en el lado correcto. Donde cualquier otra inventiva humana finalmente fracasa, Jesús prevalece.

LA NECESIDAD: MÁS DANIELES EN BABILONIA

Dios preservó la historia de José, quien ascendió a una posición muy elevada en el gobierno secular de Egipto, por una razón. Dios preservó la historia de Mardoqueo, quien ascendió a una posición eminente en el gobierno secular de Persia, por una razón. Y Dios preservó la historia de Daniel, quien ascendió a una posición muy alta en el gobierno secular de Babilonia, por una razón. Estos hombres, que vivieron en tres culturas seculares muy diferentes, nos brindan ejemplos de cómo también nosotros debemos vivir para la gloria de Dios en medio de una cultura secular.

Piensa en Daniel, quien se distinguió como un administrador a temprana edad durante el cautiverio babilónico. Debido a las habilidades excepcionales de Daniel, el rey Darío planeó ponerlo por sobre todos sus demás funcionarios. Es más, fueron los celos de estos lo que llevó a Daniel a ser lanzado al foso de los leones, al cual sobrevivió. Daniel siguió prosperando durante los reinados de Darío y luego de Ciro.

En muchas maneras, la iglesia de Cristo hoy día está en cierto tipo de cautiverio babilónico. Al igual que los judíos en Babilonia, disponemos de considerable libertad. Al igual que Daniel, muchos cristianos gozan de posiciones de alto rango. Necesitamos más Danieles de Babilonia, varones dispuestos a «ir al mundo» y representar fielmente a Dios en medio de la cultura.

Personalmente, siempre me ha fascinado la posibilidad de influir en la cultura para la gloria de Cristo. Poco después de convertirme en seguidor de Jesús, seis veinteañeros que nos conocíamos del mundo de los negocios y también por la iglesia comenzamos un grupo pequeño de hombres que se reunía en mi oficina. He aquí una versión más detallada de la historia que narré en *Así prepara Dios a los hombres*.

Una mañana invité a nuestro grupo a desayunar en un restaurante y les revelé mi gran plan.

—En cualquier forma, todos estamos influyendo para Cristo en nuestras familias, en nuestras iglesias y en nuestros negocios. Sin embargo, ¿cómo podríamos tener un impacto profundo para

Cristo en nuestra ciudad? Me gustaría proponer que nos dispersemos y que cada uno tome una posición en la política, la educación o la vida cívica.

Hice una pausa para causar expectativa.

—Ya que todavía no tengo hijos y soy apolítico por naturaleza —continué—. Me ofrezco como voluntario para involucrarme en los asuntos cívicos.

Me uní a la Cámara de Comercio de Winter Park, un suburbio de Orlando.

—¿Hay algo que yo pueda hacer aquí para ayudar? —pregunté después de un par de reuniones en la Cámara de Comercio.

—Bueno, necesitamos más gente para el comité de programas —vino la respuesta.

Así que me pusieron en el comité de programas.

Tras un par de reuniones, el director del comité de programas renunció.

—¿Te gustaría dirigir el comité de programas? —me ofrecieron.

—Por supuesto —respondí.

Durante el año siguiente organizamos un sólido programa de reuniones mensuales con temas valiosos que atrajeron un público excelente. En mi corazón, yo sabía que esas reuniones estaban fortaleciendo nuestra cultura empresarial, y que tenían valor intrínseco.

Sin embargo, la razón por la que me uní a la Cámara de Comercio en primer lugar (representar a Cristo en la cultura) siempre estuvo en mi mente, y quise hacer una declaración atrevida.

Una mañana oré: «Dios, ¿podrías repetirme por qué me tienes aquí? ¿Podrías mostrarme cómo podemos tener una influencia mayor en la cultura de nuestra ciudad?». O, en otras palabras, ¿en qué consiste la lealtad a Jesucristo? No hubo respuesta inmediata.

Entonces un día, no mucho después, el Señor puso en mi mente la idea: «¿Por qué no averiguas si al comité de programación de la Cámara de Comercio de Winter Park le interesa organizar un desayuno de oración para toda la ciudad y el área metropolitana de Orlando el viernes anterior al Día de Acción de Gracias?». Ya habíamos tenido un desayuno de oración con el alcalde en la primavera, pero nada espiritual en el calendario de otoño de la comunidad.

Concordé: «Está bien, Señor, lo intentaré». En la siguiente reunión de nuestro comité de programación, la respuesta a mi proposición fue abrumadoramente positiva. Ya que los programas del año anterior habían sido excelentes, mi reputación estaba creciendo, y la idea fue aprobada por el comité ejecutivo y la junta de directores de la Cámara de Comercio.

La denominamos Desayuno de Oración de Acción de Gracias, e invitamos a uno de los empresarios más conocidos de Florida Central, Scott Linder, como nuestro orador. Scott era un gran aficionado de los Florida Gators y solía aterrizar su helicóptero con detalles azul y naranja de los Gators en el césped de la sede de Florida Gas Company en Winter Park, donde formaba parte de la junta directiva. Su nombre prácticamente era muy conocido.

La llegada de los invitados a un famoso hotel donde celebramos nuestro primer evento fue muy emocionante. La comida y el servicio fueron fantásticos, y el señor Linder relató una fascinante historia de fe. Al final de su mensaje hizo una invitación a todos aquellos que desearan comprometerse, o volver a comprometerse, para ser salvos por medio de la fe en Jesús, y más o menos setenta de los ciento cincuenta o más invitados aceptaron.

El impacto en nuestra comunidad fue palpable, por lo que decidimos convertirlo en un evento anual. La notoriedad del desayuno de oración contribuyó a que se considerara «aceptable» ser abiertamente cristiano para un ejecutivo, propietario de negocio, banquero, educador, juez, abogado, político, médico, contador, agente inmobiliario, vendedor, contratista, etc. Muchos cristianos discretos se llenaron de confianza para hacerse conocer públicamente. Miles de hombres y mujeres entregaron sus vidas, o volvieron a entregarlas, a Jesús en los eventos anuales.

Aunque es difícil medir el impacto cultural, algunos dirían que el Desayuno de Oración de Acción de Gracias fue un acontecimiento anual unificador para toda nuestra ciudad. Se convirtió en una fecha importante y muy prominente en el calendario de la comunidad.

EL RETO

¿Y qué hay de ti? ¿Podría estar Dios llamándote a ser como un Daniel en Babilonia, un José en Egipto o un Mardoqueo en Persia?

He aquí el reto para la próxima generación de hombres cristianos: Dios está buscando hombres dispuestos a ser enviados, a comprometerse y a redimir asuntos ciudadanos, el sistema educativo, el servicio público, el comercio, la industria manufacturera, las industrias de servicio, el sistema de justicia, la educación, el ejército, el gobierno, los primeros auxilios, la atención médica, la medicina, los gremios y cualquier otro ámbito, para la gloria de Jesucristo.

¿Serás tú ese hombre? Que este sea tu llamado a la acción para el actual capítulo.

¿Dónde se siente más el aguijón de la falta del evangelio en tu comunidad?

¿Cuál es el rincón no redimido de la cultura en tu comunidad que debe reclamarse o reivindicarse para la gloria de Cristo?

En cuanto a la problemática cultural que más arde dentro de ti, ¿cómo se mostraría tu lealtad a Jesucristo?

Los indios hopi tienen un dicho: «Somos aquellos a quienes hemos esperado». ¿Puedes afirmar eso de ti para tu comunidad?

En nuestro último capítulo pasaremos de comprometernos con la cultura a compartir de forma auténtica nuestra fe con quienes nos relacionamos. Este es el momento de cerrar con una oración y reflexionar en las preguntas.

Padre celestial, gracias en primer lugar por mostrarme el ejemplo de cómo Jesús pensaba respecto de la cultura. Ayúdame a pensar en lo que un hombre puede hacer, en cómo yo podría ser un Daniel en nuestra propia Babilonia. ¿Cuál es el rincón no redimido de la cultura de mi comunidad que quieres que yo reclame o rescate para la gloria de Cristo? Oro porque me ayudes a ser leal a los pensamientos que tú, a través de tu Espíritu Santo, pones en mi corazón y mi mente. Oro esto en tu nombre, Jesucristo. Amén.

Preguntas de reflexión y para grupos pequeños

1. ¿Qué temas culturales son importantes para ti, y por qué? ¿Sientes que estás tan comprometido como deseas, por qué o por qué no?

2. ¿Qué posición asumió Jesús hacia la cultura: Adoptar, descartar, derrocar, reemplazar o comprometerse? ¿Cómo describirías la postura hacia la cultura a la que Jesús llama al varón cristiano?

3. ¿Te sientes retado a comprometerte más? De ser así, acepta el reto de encontrar algún rincón no redimido de la cultura y reclámalo o recupéralo para la gloria de Cristo. ¿Dónde se siente más el aguijón de la falta del evangelio en tu comunidad?

DIEZ

HABLAR DE MI FE

Mantener conversaciones espirituales auténticas con mis amigos

Somos embajadores en nombre de Cristo,
como si Dios rogase por medio de nosotros;
os rogamos en nombre de Cristo:
Reconciliaos con Dios.

2 CORINTIOS 5:20

No estamos tratando de engañar a las personas para que se vuelvan cristianas. La evangelización es, simplemente, llevar a alguien hacia Jesús, tan cerca como quiera en ese momento particular.

Un día en el gimnasio, yo levantaba pesas cerca de un gigantesco espécimen peludo que con furia alzaba pesas de cuarenta y cinco libras (20 kg) como si fueran accesorios plásticos en un set de filmación. Parecía que en cualquier momento explotarían las palpitantes venas en sus abultados bíceps. El individuo era una bestia. Un tipo feroz y de aspecto malvado. Nadie se atrevía a acercársele a menos de seis metros.

Justo cuando concluí mi serie, y ponía en el estante mis mancuernas de veinticinco libras (11 kg), «Hércules» devolvía las suyas de cuarenta y cinco. Pero en vez de colocarlas en el lugar correcto, las dejó caer en las ranuras de las de veinte.

Nuestros ojos se encontraron. El sujeto frunció el ceño y me lanzó «la mirada», que me retaba a decir algo.

No quise avergonzarlo frente a todos, así que lo dejé así.

De acuerdo, tal vez esa no sea la razón. Pero hablando en serio, no dije nada porque me lo imaginé poniéndose violento. Después de lanzarme esa mirada fulminante, se dio la vuelta y se alejó.

Entonces ocurrió lo más extraño. Me sentí completamente abrumando y envuelto de amor y compasión por este individuo. Sentí que sufría tanto que su vida apenas era soportable. Al alejarme, le supliqué a Dios que lo ayudara.

¿Cómo puede ocurrir esto?

EL PANORAMA COMPLETO

Todo hombre cristiano sabe que debe hablar de su fe. No muchos lo hacen. Como dijo alguien: «Hablar de mi fe me asusta y me intimida». Pero eso no significa que no tenga la carga.

Por eso muchos queremos saber: «¿Cómo puedo adquirir valor para difundir el evangelio? ¿En qué maneras prácticas puedo expresar mi fe en el trabajo? ¿Cuál es una buena manera de romper el hielo con la gente?».

En el capítulo sobre las amistades describí que el mundo es una gran monstruosidad que aplasta todo a su paso sin piedad alguna y cobra su precio en los seres humanos. Debemos ser conscientes de que la mayoría somos mucho más frágiles de lo que creemos; sin duda más vulnerables de lo que alguna vez quisiéramos saber. Por eso, en este capítulo resaltaremos que la evangelización es, en el fondo, un ministerio de reconciliación. Debemos tratar a las personas con amor, benignidad, empatía y respeto.

La gran idea para este capítulo es que no tratamos de engañar a las personas para que se vuelvan cristianas. La evangelización es, simplemente, llevar a alguien hacia Jesús, tan cerca como quiera en ese momento particular. Hacemos esto porque Jesús ama a esa persona y desea que viva con Él en la eternidad. Como sus embajadores, estamos comisionados por el Señor para mediar en el trato.

¿Recuerdas nuestro versículo del capítulo 1 sobre identidad?

> De modo que si alguno está en Cristo, nueva criatura es; las cosas viejas pasaron; he aquí todas son hechas nuevas.
>
> *2 Corintios 5:17*

Los versículos que siguen a continuación explican que somos nosotros a quienes Dios ha confiado tanto el *ministerio* como el *mensaje* que pueden hacer que eso suceda.

> Todo esto proviene de Dios, quien nos reconcilió consigo mismo por Cristo, y *nos dio el ministerio de la reconciliación*; que Dios estaba en Cristo reconciliando consigo al mundo, no tomándoles en cuenta a los hombres sus pecados, y nos encargó a nosotros *la palabra de la reconciliación*. Así que, somos embajadores en

> nombre de Cristo, como si Dios rogase por medio de nosotros; *os rogamos en nombre de Cristo: Reconciliaos con Dios.*
>
> *2 Corintios 5:18-20*

En este capítulo aprenderás, o se te recordará, cómo ejercemos el ministerio de la reconciliación. Analizaremos por qué hablar de nuestra fe, cómo empezar diálogos espirituales, cómo contar tu propia historia espiritual, y cómo ayudar de manera auténtica a otros a cambiar sus vidas en Cristo. Sentirás que tu confianza aumenta a medida que adquieres las herramientas, y la mentalidad, que te facultarán para hablar de tu fe.

En primer lugar, recordemos nuestra misión.

LA GRAN COMISIÓN

En el capítulo sobre crecimiento espiritual (capítulo 3), analizamos las últimas palabras de Jesús (la Gran Comisión) desde la perspectiva de nuestro propio crecimiento. Ahora es el momento de analizarlas de nuevo, esta vez para entender nuestro papel como embajadores en el ministerio y el mensaje de reconciliación.

> Por tanto, id, y haced discípulos a todas las naciones, bautizándolos en el nombre del Padre, y del Hijo, y del Espíritu Santo; enseñándoles que guarden todas las cosas que os he mandado; y he aquí yo estoy con vosotros todos los días, hasta el fin del mundo.
>
> *Mateo 28:19-20*

> Recibiréis poder, cuando haya venido sobre vosotros el Espíritu Santo, y me seréis testigos en Jerusalén, en toda Judea, en Samaria, y hasta lo último de la tierra.
>
> *Hechos 1:8*

Esta es la *misión*. Es nuestra orden de marchar. Nunca se ha enmendado, invalidado o alterado en alguna forma. La misión de hacer discípulos es el diseño de Dios para liberar el poder de su evangelio en todas las cuestiones que los hombres enfrentan. Considera a Troy.

¿POR QUÉ NOS IMPORTAN LOS DEMÁS?

Troy fue enviado a un centro de rehabilitación social. Steve Basht, director de zona de *Man in the Mirror,* lo guio junto a un grupo de hombres durante un estudio de ocho semanas de un libro cristiano. A los treinta y siete años de edad, Troy había sido adicto y había estado encarcelado de vez en cuando desde los quince años. Era conocido por sus peleas callejeras y su temperamento feroz. Cuando se le preguntó: «¿Cómo ha influido en ti este estudio?», Troy respondió:

> Yo solía ser el mayor trozo de basura en la ciudad. Me hallaba ya sea drogado, borracho o enojado. ¡La semana pasada comprendí que ahora soy un hombre diferente!
>
> Mi exesposa iba a tener un bebé de mi mejor amigo. Cuando ella más lo necesitaba, él la abandonó. Iba a enfrentármele y matarlo.
>
> A llegar a la entrada de la casa del sujeto me invadió mucha paz. Mi ira desapareció y sentí la necesidad de orar por él. Luego fui donde mi exesposa y le prometí mi apoyo para ella y mis hijos, e incluso el hijo no nacido de mi ex mejor amigo.
>
> Siento por mis hijos y mi exmujer un amor que no puedo explicar. Los amo sin esperar nada a cambio. Mi hija de cuatro años se puso muy triste la semana pasada cuando me alistaba para salir.
>
> —¿Qué pasa? —le pregunté.

—Amo a mi papito… a mi nuevo papito —expresó.

Hasta *ella* ve cuánto he cambiado.

Sé que Dios me ama y que está allí para guiarme. Es Él quien lo hace, no yo. Siento una paz que nunca antes había tenido.

Nos importa mucho la misión porque nada que hemos visto o experimentado se compara ni siquiera remotamente con el poder del evangelio para cambiar las vidas de los hombres, sea la de Troy, la tuya o la mía.

¿Qué hacemos con toda nuestra pasión reprimida?

Bill Bright, fundador de *Campus Crusade for Christ International*, preguntaba a menudo: «¿Qué es lo más fabuloso que te ha pasado?». Luego inquiría: «Dada tu respuesta, ¿qué es lo más fabuloso que puedes hacer por otra persona?».

Cualquier hombre que responda la primera pregunta: «Recibir a Jesucristo como mi Salvador y Señor», contestará la segunda: «Colaborar con que otros también entreguen sus vidas a Jesús».

Pero antes de debatir cómo ejecutar el ministerio de reconciliación tenemos que responder algunas preguntas importantes. La cultura ha cambiado, y debemos hablar de eso.

MENSAJE ATEMPORAL, MÉTODO RELEVANTE

Si estás leyendo esto, fuiste criado en un sistema educativo en que la verdad se considera relativa. Relativismo es creer que no existe verdad absoluta, y diferentes personas pueden tener distintas opiniones sobre lo que es moral o inmoral. En lo que podría ser el primer disparo en la guerra de la cultura, en 1987 el profesor Allan Bloom escribió en *El cierre de la mente moderna:*

> Hay algo de lo que un profesor puede estar absolutamente seguro: *casi todo estudiante que entra a la universidad cree, o afirma creer,*

> *que la verdad es relativa*... Los antecedentes de los estudiantes son tan variados como los datos que los Estados Unidos pueda proporcionar. Unos son religiosos, otros ateos; unos están a favor de la izquierda, otros de la derecha; unos pretenden ser científicos, otros humanistas, profesionales o empresarios; unos son pobres, otros ricos... *El peligro que les han enseñado a temer del absolutismo no es el error sino la intolerancia*. El relativismo es necesario para la apertura; y esta es la virtud, *la única virtud, que toda la educación primaria durante más de cincuenta años* [ahora más de ochenta años] *se ha dedicado a inculcar.* La apertura (y el relativismo que la convierte en la única postura plausible frente a las diversas afirmaciones de verdad y varias formas de vida y tipos de seres humanos) *es la gran percepción de nuestros tiempos. El creyente verdadero constituye el peligro real.* El estudio de la historia y la cultura enseña que todo el mundo estaba loco en el pasado; los hombres siempre creyeron que tenían la razón, y eso llevó a guerras, persecuciones, esclavitud, xenofobia, racismo y chauvinismo. *No se trata de corregir los errores y tener realmente la razón total; más bien se trata de creer que no se tiene la razón en absoluto.*[1]

Esta apertura, y su aversión a *cualquier* afirmación de verdad absoluta, es un valor dominante en la cultura moderna. Como resultado, muchos hombres, incluso cristianos, se sienten profundamente confundidos por la «verdad» del cristianismo.

La mayoría de las aseveraciones que afirman ser absolutamente ciertas corren el riesgo de desanimar automáticamente a la siguiente generación. La cuestión es que las afirmaciones de

1. Allan Bloom, *The Closing of the American Mind: How Higher Education Has Failed Democracy and Impoverished the Souls of Today's Students*, ed. 25 aniversario. (1987; reimpr., Nueva York: Simon & Schuster, 2012), pp. 25-26, cursivas y comentario entre corchetes añadidos.

verdad simplemente no resuenan con la persona que no cree que esa verdad absoluta pueda aun llegar a conocerse.

El cristianismo es verdadero. Creemos que es verdadero. Pero ¿puedes probarlo? Yo diría que puedes hacerlo si utilizas las reglas de la evidencia: una preponderancia de evidencia, como en casos civiles, pero también más allá de una duda razonable, como en casos criminales.

Pero al individuo que no cree que se pueda conocer la verdad no se le puede probar que el cristianismo sea verdadero. No le puedes probar que la Biblia sea verdadera.

¿Cómo podemos convencer a una nueva generación de seres humanos que el cristianismo es verdadero cuando no creen en la verdad absoluta?

UN NUEVO PUNTO DE PARTIDA

Necesitaremos un nuevo punto de partida para alcanzar a la siguiente generación.

«Pero, ¡espera! —dirías—. ¿No es el hecho de que el cristianismo es verdadero toda la base para alcanzar a otros?». Por supuesto. Si eres cristiano, crees que el cristianismo es verdadero. Por eso lo crees. Pero ese no es el punto. Las personas hacen cosas por sus propias razones. Todos hacemos eso. Todo vendedor sabe que debe hacer suficientes preguntas de investigación: «¿Qué le interesa a esta persona? ¿Qué busca?». Entonces, y no antes, puede ayudar a su cliente potencial a solucionar ese problema.

Afirmar que existe una verdad absoluta sencillamente no encuentra eco en la cultura secular moderna. Por eso en la mayoría de los casos es inútil nuestra apelación a la verdad absoluta.

Has escuchado y tal vez incluso repetido: «Dios lo dijo. Lo creo. Eso es todo». Sin embargo, ¿crees que eso repercute en la cultura actual? ¡De ninguna manera!

Para la gran mayoría de las personas, tales apelaciones simplemente no tienen sentido. Esta ya no es una forma relevante de atraerlas. Es algo reaccionario. Es un retroceso. Comunica: «Soy anticuado. No me he mantenido al día con la época. Soy irrelevante. Pero, aun así, sé lo que es mejor para ti. Y sin importar lo que pienses, este es el camino correcto».

Podríamos avergonzar a los demás con frases ingeniosas. Cuando nos dicen: «No existe tal cosa como verdad absoluta», podríamos preguntar: «¿Estás absolutamente seguro?». Pero eso solo aumenta el prejuicio de que «los cristianos juzgan y no aman». ¿Y no ha habido en todo caso demasiado de eso? La realidad es que, aunque *tengas razón,* te *equivocas* si no lo dices en amor.

Me temo que muchos de nosotros nos exaltamos tanto que no somos seguros para los demás. Nos parecemos al fumador transformado que finalmente deja de fumar y ahora sabe lo que es mejor para los demás. ¿Y si para el individuo promedio de hoy la forma en que muestras el evangelio es tan descabellada como lo es para ti el tipo que necesita bañarse y sostiene un cartel que dice: «¡Arrepiéntete!»?

El teólogo Reinhold Niebuhr comentó en cierta ocasión: «Nada es tan inverosímil como responder una pregunta no formulada».[2] Con eso en mente, ¿cuáles son las preguntas que la próxima generación expone y a las que el evangelio de Jesús debe proporcionar una respuesta?

Aunque la nueva generación no pregunta: «¿Qué es verdad?», sí averigua: «¿Qué es real? ¿Qué es auténtico?».

Este cambio de «verdad» a «real» es algo en lo que podemos enfocarnos. Lo comprendí por primera vez en el entorno más extraño posible: el seminario.

---

2. Reinhold Niebuhr, *Human Destiny* (Nueva York: Scribner's, 1943), p. 6.

Ron Nash, uno de los más grandes profesores de todos los tiempos, me dio clases de apologética. Este es el estudio de cómo probar o defender la fe cristiana. Durante un prolongado semestre, el profesor Nash nos condujo a través de los muchos argumentos para demostrar la existencia de Dios: argumentos cosmológicos, argumentos ontológicos, argumentos teleológicos, argumentos epistemológicos, la forma de ver el mundo, los milagros y cómo responder al problema del mal innecesario. ¡Él era brillante!

Entonces, el último día de clases, el profesor Nash me dejó boquiabierto cuando declaró: «En el tiempo que hemos estado juntos hemos visto todos los argumentos tradicionales para demostrar el cristianismo. Y todos ellos tienen peso. Pero también les estaría haciendo un gran perjuicio si no concluyera esta clase diciéndoles que, en mi propia experiencia, *es indudable que el argumento más poderoso para la verdad del cristianismo es una vida transformada*».

¿Por qué es así? Porque una vida transformada es algo «real». *Tu* vida cambiada es algo auténtico. Es algo que repercutirá. Es algo indiscutible.

Un mensaje eterno

Con todo esto no intentamos cambiar el *mensaje* de reconciliación. Lo que tratamos de hacer es, en el espíritu de Francis Schaeffer, cambiar el *método* del ministerio de reconciliación:

> Cuando tratamos de comunicar el Evangelio a las [personas] de nuestros días hay dos cosas que hemos de discernir con claridad y profundidad…
>
> Lo primero, que *hay ciertos hechos inmutables que son verdad. No tienen nada que ver con el flujo de las mareas. Estas cosas convierten el sistema cristiano en lo que es, y si se alteran el cristianismo se convierte en otra cosa.* Esto debe ser enfatizado porque hay algunos cristianos evangélicos, hoy, que con toda

> sinceridad, se dan cuenta de su falta de comunicación pero que, para establecer contacto y salvar la sima, sienten la tentación de cambiar lo inmutable. Ahora bien, si sucumbimos, dejamos de comunicar realmente el mensaje cristiano, y lo que nos queda no es diferente del consenso que nos rodea.[3]

El profesor Nash solía decir: «No me importa que alguien quiera inventar una nueva religión. Solo desearía que no la llamaran cristianismo». Nosotros tampoco queremos hacer eso. Ciñámonos a los hechos inmutables del mensaje del evangelio.

Un método relevante

Sin embargo, Schaeffer no había terminado. Concluyó diciendo:

> Pero no podremos presentar un cuadro equilibrado si nos detenemos aquí. Hemos de darnos cuenta [de] que *nos encontramos ante una situación histórica que cambia rápida e incesantemente, y si vamos a las [personas] para hablarles del Evangelio necesitamos saber cuál sea la corriente actual y las formas de pensamiento que fluyen sin cesar. A menos que hagamos esto, los inmutables principios del cristianismo caerán en oídos sordos…*
>
> Desde luego, es mucho más cómodo seguir predicando el Evangelio en frases familiares a la clase media.[4]

En otras palabras, ¿cómo hablar a los raperos? ¿A los hípsters? ¿A los homosexuales? ¿Cómo les llevamos el evangelio? Y luego, esta es quizás la declaración más famosa de Schaeffer:

> Cada generación de la Iglesia, en su propio contexto, tiene la responsabilidad de comunicar el Evangelio en términos

3. Francis A. Schaeffer, *Huyendo de la razón* (Barcelona: Ediciones Evangélicas Europeas, 1969), p. 95, cursivas añadidas.
4. Schaeffer, *Huyendo de la razón*, pp. 95-96, cursivas añadidas.

> comprensibles, considerando el lenguaje y las formas de pensamiento de cada contexto concreto...
>
> La razón por la cual no podemos entendernos con nuestros hijos, muchas veces, es porque no nos hemos tomado la molestia de comprender cuán diferentes son sus formas de pensamiento de las nuestras... En esferas cruciales, muchos padres, maestros y ministros cristianos han perdido realmente el contacto con muchos de los hijos de las iglesias; se encuentran tan incomunicados de ellos —y de la mayoría de la gente que vive fuera del ámbito de las iglesias— que tal parece como si estuviesen hablando idiomas distintos.[5]

¿Cuál es la definición de estupidez? Hacer lo mismo una y otra vez y esperar un resultado distinto. Aunque no cambiemos el *mensaje*, nunca debemos dudar en ajustar nuestros métodos.

Versión corta: Para esta generación, un punto de partida más relevante no es que el cristianismo sea verdad, sino que sea real.

Nuevamente, no estamos diciendo que es más importante que el cristianismo sea real a que sea verdadero, sino solo que es un punto de partida más relevante para una generación que no puede entender las afirmaciones de verdad absoluta.

Esta es la primera clave para atraer a los participantes de nuestro público: entender de dónde vienen.

LA GENTE NECESITA A UN GUÍA

Nuestra cultura se encuentra en medio de un mega cambio terrible y dramático de valores informados principalmente por el cristianismo, hacia una maraña de valores seculares más pluralistas y en constante transformación.

---

5. Schaeffer, *Huyendo de la razón*, pp. 96-97.

En consecuencia, como afirmé al principio de este libro, muchos hombres se sienten profundamente confundidos. No están seguros de lo que se espera de ellos ni de cómo lograrlo. A muchos, especialmente menores de cuarenta años, les resultaría difícil explicar lo que significa la palabra «hombre». Un varón está creado para amar a Dios y a los demás, y para guiar, servir, proteger y proveer para su familia y comunidad. Cuando un hombre no entiende estas funciones, o las entiende pero no las cumple, todo el mundo sufre. El daño colateral ha sido impresionante en sus matrimonios, familias, amistades, lugares de trabajo y comunidades: es decir, en *tu* comunidad.

Necesitan lo que solo el Señor Jesucristo puede ofrecer.

También necesitan quien los guíe.

El escritor de *Blue Like Jazz,* Donald Miller, en su libro *Cómo construir una StoryBrand,* ha creado un increíble resumen de lo que ocurre en toda historia digna de contar: «Un PERSONAJE que quiere algo se encuentra con un PROBLEMA que le impide conseguirlo. En el momento de máxima desesperación, aparece un GUÍA en su vida que le da un PLAN y LE LANZA UN LLAMAMIENTO A ACTUAR. Esa acción contribuye a evitar que FRACASE y, de hecho, acaba culminando en un ÉXITO».[6]

Tú y yo somos los guías, por lo que necesitamos dos cosas: (1) alguien desesperado que necesite un consejero, y (2) un plan de acción que lleve a esa persona a reconciliarse con Cristo y con sus seres queridos.

Lo siguiente es un proceso paulatino para ayudar a la persona a cambiar su vida en Cristo. Primero hablaremos de cómo romper el hielo e iniciar una conversación espiritual. Luego te proporcionaré una manera probada y comprobada de contar tu historia

6. Donald Miller, *Cómo construir una StoryBrand: Clarifica tu mensaje para que la gente te escuche* (Nashville: Thomas Nelson, 2018), p. 27.

espiritual. Por último, te facilitaré lo que necesitas para ayudar a alguien a convertirse en cristiano.

CÓMO INICIAR CONVERSACIONES ESPIRITUALES: LA PREGUNTA DE ORO

El mejor método de evangelización es el que se usa realmente. Dicho eso, te diré lo que yo hago, porque he ido afinando mi enfoque a lo largo de cuatro décadas.

Cuando veo un varón que sufre (y es fácil identificarlo) le pregunto al Señor qué debo hacer. A veces simplemente pronuncio una rápida oración, pero a menudo pregunto: «¿Te gustaría que tomemos una taza de café?».

¡He descubierto que una taza de café puede cambiar el mundo!

Mi método se basa en una pregunta de oro que he formulado a miles de hombres en situaciones individuales. Con frecuencia la hago mientras tomamos un café, pero también puede ser durante una comida, en una primera visita a nuestro estudio bíblico, en el gimnasio o cuando pago la cuenta a un técnico por reparaciones en casa.

De vez en cuando empiezo con esta pregunta, pero por lo general es después de haber roto el hielo al inquirir sobre el trabajo y la familia de la persona. Para ser breve, no suelo hacer preguntas de seguimiento.

Luego, por lo general dentro de los tres minutos, formulo la pregunta de oro: *«¿En qué punto de tu viaje espiritual te encuentras?»*.

Esta es prácticamente una pregunta perfecta, porque todos hemos reflexionado alguna vez en nuestra espiritualidad. ¿Y a quién no le gusta hablar de sí mismo?

Todos mis interrogados responden con entusiasmo. Sin duda gran parte de su buena disposición tiene que ver con mi mentalidad y actitud. Mi sonrisa en el rostro no revela amenaza ni crítica. Los hombres pueden sentir que soy sincero y que realmente quiero su respuesta. Intento dar la señal de que espero una respuesta (1) extensa y (2) *real*.

No uso la pregunta de oro como un truco. De verdad quiero saber. Invariablemente mencionan algo que yo mismo he atravesado; lo que suele convertirse en un diálogo, aunque avanzo muy despacio para no violar el proceso de las relaciones. Y nunca actúo como si supiera todas las respuestas, porque realmente no creo saberlas.

De vez en cuando, por supuesto, nuestro tiempo de café termina siendo solo una semilla en el camino pedregoso. Pero en realidad resulta ser algo en lo que técnicos de mantenimiento, mecánicos, asistentes al gimnasio, compañeros de asiento en aviones, conocidos en el trabajo, etc., han pensado mucho.

«¿En qué punto de tu viaje espiritual te encuentras?». ¿Le preguntarás eso a alguien con quien te encuentres en las próximas veinticuatro horas? ¿Sería este un buen llamado a la acción para ti?

Adivino que te gustará. La pregunta de oro durante una taza de café puede aportar una nueva y fresca dimensión a tu ministerio personal.

¿Qué sigue después de recibir la respuesta a la pregunta de oro?

CUENTA TU HISTORIA RESUMIDA EN TRES MINUTOS

A continuación viene tu historia. Hablaremos de ella en un momento, pero primero una advertencia.

Alerta roja: Después que escuches la historia de un hombre, es probable que tu mente esté repleta de todo tipo de información increíble que le «ofrezca soluciones». ¡Resiste esa tentación! En lugar de obsequiarle tus conocimientos teológicos, cállate. El cristianismo es una fe en verdades proposicionales, pero en esta primera etapa no te has ganado el derecho de transmitirlas.

Al hombre frente a ti no le importa cuánto sepas. Quiere saber si eres real. Recuerda que para esta generación un punto de partida más relevante es que el cristianismo sea real. La hoja de trabajo de la historia resumida en tres minutos es una manera demostrada y probada de ser real.

Con eso en mente, ¿qué podemos decir que abra las mentes de la próxima generación al evangelio?

> Estad siempre preparados para presentar defensa con mansedumbre y reverencia ante todo el que os demande razón de la esperanza que hay en vosotros.
>
> *1 Pedro 3:15*

Tras haber escuchado atentamente, cuéntale a la persona en qué punto te encuentras en tu viaje espiritual, adaptando tu historia resumida en tres minutos que has preparado con anticipación, usando la siguiente guía.

CÓMO PREPARAR UNA HISTORIA RESUMIDA EN TRES MINUTOS

Utiliza esta hoja de trabajo para preparar un «discurso resumido» en tres minutos sobre tu historia de fe (testimonio). Dedica más o menos un minuto a cada una de las tres secciones. Siempre puedes extenderte si dispones de más tiempo, pero al hacerlo de este modo, «siempre estarás preparado» (1 Pedro 3:15).

ANTES (150 palabras): ¿Cómo era tu vida antes de aceptar a Jesús? ¿Vacía, confusa, solitaria, desilusionada, inútil, carente de significado, sin propósito ni sentido, inconforme, exitosa, pero sin felicidad? En la medida de lo posible, relaciona tu historia a lo que sabes de la experiencia de la persona.

CÓMO (150 palabras): ¿Cómo llegaste a profesar la fe en Jesús? ¿Dónde? ¿Quién te mostró el camino? ¿Por qué respondiste afirmativamente? Si lo permite la ocasión, menciona el amor y la santidad de Dios, la convicción de tus pecados, las ansias de algo real, el entendimiento de quién es Cristo, el deseo de vida eterna, la petición a Jesús de que perdone tus pecados y te llene de fe en Él.

DESPUÉS (150 palabras): ¿Qué ha hecho Cristo en tu vida a partir de entonces? Elige aspectos que hayan cambiado, que se relacionen con las luchas de la persona.

¿Puedes imaginar un encuentro anterior en que habría sido determinante que hubieras preparado y aprendido de memoria esta historia resumida en tres minutos?

Si tomas realmente en serio hablar de Cristo con las personas (o si quieres tomarlo en serio) no te apresures. Fotocopia la hoja de trabajo. Toma un par de horas para escribir, cronometrar, practicar y memorizar tu historia resumida en tres minutos. Elige palabras brillantes y emotivas. Mark Twain manifestó: «Un agente poderoso es la palabra correcta».[7] Y ya sabes lo que le sucede al atleta que no entrena.

COMUNICA LA HISTORIA DE JESÚS

Es de esperar que la persona con la que te relacionas se sintonice y se vincule con tu historia. El paso 1 es hacer la pregunta de oro. El paso 2 es declarar tu historia resumida en tres minutos. El paso 3 es comunicar la historia de Jesús, las buenas nuevas o el evangelio, acerca de Jesús. Pero ¿qué significa eso?

Oswald Chambers escribió:

> No me estoy refiriendo a la recia personalidad de un individuo impuesta sobre otro; sino a la presencia real de Cristo que se manifiesta en todas las áreas de la vida del obrero. Cuando predicamos *los hechos históricos de la vida y muerte de nuestro Señor, según el relato escrito del Nuevo Testamento*, nuestras palabras se vuelven sagradas. Sobre la base de su redención, Dios las utiliza para producir en los que escuchan algo que no podría ser creado de otra manera…
>
> Si una persona es atractiva por su personalidad, el llamamiento a las almas estará dentro de esos límites. Sin embargo, si ella se identifica con el Señor, entonces el llamado se fundamenta en lo que Jesucristo puede hacer. El peligro está en

7. Mark Twain, «William Dean Howells», en *What Is Man? And Other Essays* (Nueva York: Harper, 1917), p. 229.

> glorificar a los hombres; pero Jesucristo dice que es solamente *a Él* a quien debemos exaltar.[8]

Se afirma que el experto en escritura y fluidez Rudolf Flesch expresó: «No hay nada realmente legible que no sea una historia». Nuestra fe consta de proposiciones: afirmaciones directas de lo que creemos. Y creemos que estas proposiciones son innegables. Pero en la mayoría de los casos, recitar la verdad proposicional no es lo que conecta en ninguna generación, mucho menos en la actual. Es *la historia*, «los hechos históricos de la vida y muerte de nuestro Señor, según el relato escrito del Nuevo Testamento», como lo expresó Chambers.

Hace cien años Gresham Machen, profesor de Princeton Seminary y escritor, señaló que exhortar a las personas sobre cómo deben vivir nunca ha logrado transformarles las vidas:

> No transformaba la vida de las personas apelando a la voluntad del hombre, *sino mediante el relato de una historia*; no por medio de la exhortación, *sino mediante la narración de un evento histórico*. Con razón tal método parecía tan extraño. ¿Podría haber algo menos práctico que intentar influenciar conductas recitando eventos relacionados a la muerte de un líder religioso?... Pero lo extraño es que funciona... Donde las exhortaciones más elocuentes muchas veces fallan, *la simple historia de un evento logra su objetivo; las vidas de hombres son transformadas por una noticia*.[9]

---

8. Oswald Chambers, *My Utmost for His Highest* (1935; reimpr., Uhrichsville, OH: Barbour, 1963), 9 de noviembre, cursivas añadidas. Publicado en español por Editorial CLC con el título *En pos de lo supremo*.

9. J. Gresham Machen, *Christianity and Liberalism*, ed. rev. (1923; reimpr., Grand Rapids: Eerdmans, 2009), p. 40, cursivas añadidas.

¿Cómo entonces, después de contar tu propia vivencia, presentas la historia de Jesús?

TRES IDEAS ESENCIALES

Existen muchas maneras de presentar el evangelio de Jesús, y ninguna de ellas es la única correcta. A medida que el Espíritu Santo te dirija, habla del nacimiento, la vida, las enseñanzas, el ministerio, los milagros, la muerte y la resurrección de Jesús. Concéntrate en quién es Él, por qué vino y qué significa creer en Él.

Los hombres tendrán muchas preguntas, pero en mi experiencia estas desaparecen al ponerlas en contacto con el Jesús real. Como Chambers dijo: «nuestras palabras se vuelven sagradas. Sobre la base de su redención, Dios las utiliza para producir en los que escuchan algo que no podría ser creado de otra manera».

Dicho esto, aquí tienes tres ideas concretas que puedes usar para ayudar a las personas a entender el evangelio, adaptadas de la obra de Bill Bright:

- *Dios te ama mucho.*

  «De tal manera amó Dios al mundo, que ha dado a su Hijo unigénito, para que todo aquel que en él cree, no se pierda, mas tenga vida eterna» (Juan 3:16).
- *Jesús murió para perdonar nuestros pecados y darnos vida eterna, propósito y significado.*

  «Cristo, cuando aún éramos débiles, a su tiempo murió por los impíos» (Romanos 5:6).

  «Palabra fiel y digna de ser recibida por todos: que Cristo Jesús vino al mundo para salvar a los pecadores» (1 Timoteo 1:15).

  «Yo he venido para que tengan vida, y para que la tengan en abundancia» (Juan 10:10).

«Por gracia sois salvos por medio de la fe; y esto no de vosotros, pues es don de Dios; no por obras, para que nadie se gloríe» (Efesios 2:8-9).

- *Nos convertimos en cristianos al confesar personalmente nuestros pecados y creer en Jesús.*

  «Si confesamos nuestros pecados, él es fiel y justo para perdonar nuestros pecados, y limpiarnos de toda maldad» (1 Juan 1:9).

  «Todo aquel que confiese que Jesús es el Hijo de Dios, Dios permanece en él, y él en Dios» (1 Juan 4:15).

  «A todos los que le recibieron, a los que creen en su nombre, les dio potestad de ser hechos hijos de Dios» (Juan 1:12).

  «Si confesares con tu boca que Jesús es el Señor, y creyeres en tu corazón que Dios le levantó de los muertos, serás salvo» (Romanos 10:9).

HAZ LA PREGUNTA DE PLATINO

Repasemos lo dicho hasta ahora. El paso 1 es hacer la pregunta de oro: «¿En qué punto de tu viaje espiritual te encuentras?». El paso 2 es contar tu historia resumida en tres minutos. El paso 3 es narrar la historia de Jesús (las buenas nuevas, o evangelio, acerca de Jesús).

Ahora es el momento del paso 4, el cual es hacer la pregunta de platino. Pero antes que la hagas, hay algo de suma importancia que querrás conocer.

Mucha gente se preocupa profundamente por esta persona frente a ti (trátese de cónyuges, hijos, padres, madres, hermanos, hermanas, amigos). Han volcado sus vidas, derramado sus corazones y elevado sus oraciones por este preciso momento.

No solo eso, sino que el Espíritu Santo ha estado organizando de manera soberana todas las circunstancias al parecer aleatorias de la vida de quien está frente a ti para llevarlo a este instante.

Es por eso que muchas personas están listas para convertirse al cristianismo *ahora mismo.* Están prestas, dispuestas y preparadas, pero en realidad nadie les ha hecho esta pregunta de platino:

«¿Has confesado personalmente tus pecados y depositado alguna vez tu fe en Jesús?».

No hacer esta pregunta sería como entrar a una exhibición de autos, quedar embobado por uno de ellos y después de treinta minutos de hablar de él con un vendedor, escuchar que este te dice: «Puedo ver que este auto te interesa realmente. Te diré algo. ¿Por qué no me das tu nombre y tu número telefónico? Te llamaré en un par de semanas para ver si sigues interesado».

Ese vendedor habría perdido su momento.

Así que, por favor, ¡haz esta pregunta! Lo que venga después durará para siempre.

ÚLTIMO PASO: UNA ORACIÓN DE FE

Si la persona contesta que sí, entonces dile: «¡Fantástico! ¿Cómo [o cuándo] ocurrió?». Haces esto porque quieres asegurarte de que los dos están hablando de lo mismo.

Si responde que no, entonces simplemente (sin adornos ni reservas) pregunta: «¿Te gustaría hacerlo en este momento?».

Si te dice que no, añade: «Entiendo. Sigamos hablando en los próximos días. Me gustaría ayudarte en todo lo que pueda».

Si te dice que sí, entonces expresa: «En ese caso, puedes orar ahora mismo e invitar a Jesús a entrar en tu vida. ¿Te gustaría hacerlo?».

La respuesta será invariablemente afirmativa, así que luego indica: «Está bien, inclinemos nuestras cabezas y oremos».

He aquí una oración que puedes hacer en voz alta, una frase a la vez, pidiéndole que repita después de ti:

Señor Jesús, te necesito.

Creo que me amas y que viniste a morir por mis pecados.

Me envuelve un profundo dolor por mis pecados.

Por gracia, mediante la fe, te recibo como mi Salvador y Señor.

Perdona, por favor, mis pecados y salva mi alma.

Gracias por tu perdón, por el don de la vida eterna y por la promesa de vida en abundancia.

Por favor, conviérteme en la persona para la que me creaste. Amén.

Si esta oración es demasiado para ti, puedes hacerla tan sencilla como las diez palabras en la mejor valla publicitaria que he visto: «Jesús, por favor, perdona mis pecados y salva mi alma». Diez palabras que captan la verdadera esencia de la reconciliación con Dios.

Si no te sientes cómodo orando por la salvación de alguien, lleva contigo a alguien con más experiencia para que te ayude.

Felicita al recién salvo. Pídele que hable con otro cristiano de lo que acaba de hacer. Describir esto a otras personas le ayudará a conceptualizar mejor la decisión que recién tomó. Y los comentarios positivos le reafirmarán esa decisión.

Concluye el tiempo que han pasado juntos sugiriendo algunos pasos a seguir, como hablarle de su conversión a su esposa (si la tiene), platicar con su pastor (si lo tiene), asistir a la iglesia o acompañarte cuando vayas, formar parte de un estudio bíblico, o conseguir una Biblia y empezar a leer los cuatro evangelios (ochenta y nueve capítulos, quizás un capítulo diario durante tres meses).

La mejor idea: Si se trata de un hombre, tómalo bajo tu cuidado e instrúyele. Podrías guiarlo a través de este libro un capítulo por semana.

REPASEMOS

Hagamos entonces un repaso. He aquí un resumen de los pasos prácticos que puedes dar para ser el «guía» que lleve tanto el *ministerio* como el *mensaje* de reconciliación a personas desesperadas, cuando estén listas para seguir «un plan que las invita a la acción».

- En primer lugar, empieza las conversaciones espirituales haciendo la pregunta de oro: «*¿En qué punto de tu viaje espiritual te encuentras?*». Permite que la persona vea ejemplificada en ti la vida de Cristo mientras le muestras interés en su vida.
- En segundo lugar, narra tu historia personal de fe resumida en tres minutos.
- En tercer lugar, habla de la historia de Jesús y su evangelio, incluso de las tres ideas esenciales: Dios nos ama; Jesús vino a perdonar pecados y dar vida eterna; y nos convertimos en cristianos al confesar personalmente nuestros pecados y depositar nuestra fe en Jesús.
- En cuarto lugar, haz la pregunta de platino: «*¿Has confesado personalmente tus pecados y depositado alguna vez tu fe en Jesús?*».
- En quinto lugar, cuando la persona esté lista, ayúdala a hacer una oración de fe y a que invite a Jesús a entrar en su vida: «*Jesús, por favor, perdona mis pecados y salva mi alma*».

ESTÁS PRODUCIENDO CAMBIOS ETERNOS

Hacer discípulos es la única idea que, una vez entendida por completo y creída de veras, lo cambia todo: matrimonios, familias, lugares de trabajo, nuestras comunidades, nuestra nación. Todo.

¿Has escuchado la historia del niñito que lanzaba estrellas de mar al agua?

—Estás perdiendo tu tiempo —le comentó alguien—. Eso en realidad no cambia las cosas, ya que son muchas las estrellas de mar.

—Bueno, para esta sí las cambió —señaló el pequeño mientras recogía de la arena una estrella de mar y la arrojaba al agua.

Ayudar a otros a cambiar sus vidas en Cristo produce un cambio eterno. Así que participa, porque si la Gran Comisión es verdad, nuestros planes no son demasiado grandes, sino demasiado pequeños.

Amadísimo Padre, somos hombres que estamos apasionados por comunicar auténticamente nuestra fe. Señor, nuestra convicción más profunda es que tu evangelio cambie vidas, y tenemos la profunda convicción de hacer algo al respecto. Ayúdanos a canalizar nuestra pasión por ayudar auténticamente a otros a cambiar sus vidas. Con humildad aceptamos nuestra comisión como embajadores de Cristo que llevamos el ministerio y el mensaje de reconciliación a un mundo destrozado y sufriente. Concédenos valentía para hacer la pregunta de oro, contar nuestra historia resumida en tres minutos, narrar la historia de Jesús, hacer la pregunta de platino y ayudar a otros a invitar a Jesucristo a sus vidas. Te lo pedimos, Jesús, en tu nombre. Amén.

Preguntas de reflexión y para grupos pequeños

1. ¿Cuál ha sido la mejor experiencia que has tenido al dar a conocer tu fe, y qué la hizo tan apropiada?

2. ¿Cuál es nuestra *misión* descrita en Mateo 28:18-20 y Hechos 1:8? ¿Cuáles son nuestro *ministerio* y *mensaje* descritos en 2 Corintios 5:18-20?

3. ¿Cómo participas personalmente tu fe? ¿Cómo ha funcionado tu estilo de ser un «embajador»? ¿Qué se ha estado analizando en este capítulo que puede prepararte e inspirarte a tener conversaciones espirituales más auténticas con tus amigos (p. ej. la pregunta de oro, tu historia resumida en tres minutos, las tres ideas esenciales, la pregunta de platino, la oración de fe)? ¿Cuál es tu llamado personal a la acción?

EPÍLOGO

Así como el león salvaje instruyó al león del zoológico sobre las glorias de la selva, te he estado discipulando en este libro en cuanto a las glorias de caminar con Cristo.

Esto podría sorprenderte, pero ahora sabes tanto como cualquiera sobre lo que significa ser un varón cristiano. No hay ningún conocimiento «secreto» acerca de cómo ser un hombre. Tienes todo lo que necesitas para amar apasionadamente a Dios, proteger y proveer para tu familia, tratar bien a los demás, encontrar un trabajo satisfactorio y mantener el rumbo con valentía mientras experimentas satisfacción, paz y gozo.

En cada uno de los diez temas presentados en este libro exploramos una gran idea que, entendida por completo y creída con autenticidad, puede cambiar todo. Para concluir, aquí volvemos a presentarlos junto con el llamado a la acción de cada capítulo:

Identidad: Cuando buscas tu identidad en Jesucristo y su evangelio, encuentras una satisfacción profunda y duradera, tan contagiosa que otros también la querrán. Para tu llamado a la acción, ora «Mi declaración de masculinidad cristiana».

Vida equilibrada: Tienes todo el tiempo que necesitas para hacer todo lo que Dios quiere que hagas. Para tu llamado a la acción, dedica dos o tres horas a un retiro personal y profundiza de veras en cuáles quieres que sean tus prioridades y objetivos.

Crecimiento: Lectura bíblica, un grupo pequeño y servir a alguien más solucionarán el 90% de tus problemas. Para tu llamado a la acción, lee la Biblia por ti mismo, forma parte de un grupo pequeño y sirve a alguien más.

Matrimonio: La mayoría de los problemas en el matrimonio desaparecerían si tan solo les habláramos a nuestras esposas con la misma benignidad, cortesía, consideración y respeto con que les hablamos a nuestros compañeros de trabajo. Tu llamado a la acción tiene cuatro partes: la mentalidad del 70%, orar por y con tu esposa, la cuenta bancaria emocional y hacer de tu esposa tu mejor amiga.

Hijos: «Sí, te amo, y no, no puedes hacer las cosas a tu manera». Tu llamado a la acción es implementar varias de estas ideas prácticas: amar bien a la madre de tus hijos, discipularlos, dirigir devocionales familiares, pagar por devocionales personales, llevarlos a la iglesia, pasar tiempo con ellos, fijar límites, darles tiempo en la manera que desean recibirlo, salir con ellos en su adolescencia, comer juntos, orar por ellos y alentarlos con palabras.

Amistades: Lo que realmente te ayudará a largo plazo es encontrar uno o dos amigos, o unirte a un grupo pequeño y compartir la vida junto a unos cuantos hermanos con quienes puedas procesar lo que te sucede. Para tu llamado a la acción, únete o empieza un grupo pequeño de hombres.

Trabajo: No existe mejor sensación que la de creer: «Esto es lo que se supone que debo estar haciendo, aquí y ahora, aunque sea difícil». Tu llamado a la acción es responder estas preguntas: ¿Cómo estás programado? ¿Qué te dice eso acerca de ti y de las clases de puestos de trabajo que te satisfarían a largo plazo? ¿Cuáles son tus necesidades sociales? ¿Cuáles son tus necesidades de salud/estrés? ¿Cuál es tu objetivo profesional a largo plazo? Suponiendo que el tiempo y el dinero no fueran problema, ¿qué harías si pudieras hacer todo lo que te gustaría? ¿Por qué no llevarlo a cabo?

Lujuria: La solución práctica a la lujuria (y otras inmoralidades sexuales) para la mayoría de los hombres es casarse y disfrutar el sexo de manera regular con su esposa. Para tu llamado a la acción, haz el pacto que Job hizo de decirle no a la lujuria, haz tu propio plan intencional siguiendo el modelo de Miguel y haz la oración de muestra de Ed Cole.

Cultura: Dios desea que cada uno de nosotros encuentre algún lugar no redimido de la cultura y lo reclame para la gloria de Cristo. Tu llamado a la acción es localizar un rincón no redimido de tu comunidad y permitir que Dios te envíe a redimirlo. Y a medida que Dios te dirija, asume el reto de tres semanas de reconciliación racial.

Hablar de mi fe: No estamos tratando de engañar a las personas para que se vuelvan cristianas. La evangelización es, simplemente, llevar a alguien hacia Jesús, tan cerca como quiera en ese momento particular. Dios nos ha comisionado como embajadores para mediar en el trato. Tu llamado a la acción es tener conversaciones espirituales auténticas mientras utilizas la pregunta de oro («¿En qué punto de tu viaje espiritual te encuentras?»), tu historia resumida en tres minutos, las tres ideas esenciales y la pregunta de platino («¿Has confesado personalmente tus pecados y depositado alguna vez tu fe en Jesús?») y ayudar a las personas a hacer la oración de fe.

¿Y AHORA QUÉ?

Como un llamado final a la acción, considera pedirle a un hombre o a un grupo pequeño (nuevo o existente) que estudien juntos este libro, u otro libro sobre discipulado. Reúnanse semanalmente y debatan las preguntas al final de cada capítulo. Para empezar un nuevo grupo, consulta la sección «¿Cómo iniciar y mantener un grupo pequeño semanal de hombres?» en la página 153. Al despedirnos, recuerda que ahora mismo puedes llevar una vida heroica para la gloria de Cristo. Esta victoria es tuya. Así que tómala. Eres libre. Estaré orando por ti.

RECONOCIMIENTOS

Muchas personas han contribuido en forma directa o indirecta a hacer posible este libro. Me gustaría especialmente agradecer a algunas de ellas por nombre.

Robert Tunmire, Jamie Turco y John Vonberg proporcionaron valiosas ideas como mis «primeros lectores».

Todos mis colegas en *Man in the Mirror* merecen reconocimiento, y en especial Kimberly Massari, mi asistente; Brett Clemmer, nuestro presidente; Bryan Richardson, por pensar en cómo esta obra puede hacer avanzar nuestra misión; y Brian Russell, a quien se le ocurrió la brillante idea de «el hombre huella digital» para la portada.

Robert y Erik Wolgemuth son visionarios que vieron el potencial de este libro y se encargaron de la infinidad de detalles editoriales que se deben ultimar para sacar un libro al mercado.

Y estoy profundamente agradecido con mi editor, Zondervan. Toda la organización ha apoyado esta obra. En especial me gustaría expresar mi gratitud y aprecio a David Morris, Andy Rogers, Dirk Buursma, Amanda Halash, Andrea Pancoast, Kait Lamphere, Curt Diepenhorst, Brandon Henderson, Tom Dean, Trinity McFadden, Keith Finnegan y Charlie Hubert, por su desempeño editorial único en promoción, edición, diseño, comercialización, publicidad y distribución de la edición original en inglés de *El hombre cristiano*.

Who are the Daughters of St. Paul?

We are Catholic sisters with a mission. Our task is to bring the love of Jesus to everyone like Saint Paul did. You can find us in over 50 countries. Our founder, Blessed James Alberione, showed us how to reach out to the world through the media. That's why we publish books, make movies and apps, record music, broadcast on radio, perform concerts, help people at our bookstores, visit parishes, use social media and the Internet, and pray for all of you.

BLESSED BE GOD
WHO LIVES FOREVER.

(TOBIT 13:1)